Frohsinn ohne Grenzen

Dr. Allos

Frohsinn ohne Grenzen

Flotte Vorträge für viele Anlässe

Bearbeitet und ergänzt
von Willi Steinbrech

Möller
VERLAG

Bitte beachten Sie unseren Hinweis auf weitere Humortitel im Möller-Programm am Ende dieses Buches.

Die Deutsche Bibliothek – CIP-Einheitsaufnahme

Allos <Doktor>:
Frohsinn ohne Grenzen : flotte Vorträge für viele Anlässe / Dr. Allos. Niedernhausen/Ts. : Möller, 1994
ISBN 3-8159-0055-7

ISBN 3 8159 0055 7
© 1994 genehmigte Ausgabe für W. Möller Verlag
© der Originalausgabe by Falken Verlag GmbH,
65527 Niedernhausen/Ts.
Die Verwertung der Texte und Bilder, auch auszugsweise, ist ohne Zustimmung des Verlags urheberrechtswidrig und strafbar. Dies gilt auch für Vervielfältigungen, Übersetzungen, Mikroverfilmung und für die Verarbeitung mit elektronischen Systemen.
Umschlaggestaltung: Peter-Udo Pinzer
Titelbild: Bernd Eisert, Blaustein
Zeichnungen: Fay Grambart, Toronto
Die Ratschläge in diesem Buch sind von Autor und Verlag sorgfältig erwogen und geprüft, dennoch kann eine Garantie nicht übernommen werden. Eine Haftung des Autors bzw. des Verlags und seitens seiner Beauftragten für Personen-, Sach- und Vermögensschäden ist ausgeschlossen.
Gesamtherstellung: Neuwieder Verlagsgesellschaft mbH, Neuwied

INHALTSVERZEICHNIS

VORWORT	7
EINLEITUNG	9
WIE SAGE ICH EIN PROGRAMM AN?	11
Aufbau des Programms	11
Technische Fragen	12
Eine gute Conférence	12
Begrüßung – kleine Beispiele	13
Der Übergang	15
Taktfragen	16
Wo bringe ich eine Pointe an?	16
Ansagen für verschiedene Darbietungen	17
Schlußreden	21
Zitate wann und wie?	22
WIE BRINGE ICH STIMMUNG IN EINE GESELLSCHAFT?	25
Einführungstexte	26
Aus dem Alltagsleben	29
Musikalischer Humor	39
Fremdwörter	47
Zoo-Logisches	48
Botanisches	52
Humor aus der Kinderwelt	53
Vom Küssen	55

WIE MACHE ICH EIN FESTGEDICHT? — 57

Nun zum Rezept: Man nehme... — 57
Besonderheiten — 59
Hobby und Beruf — 60
Der Rhythmus — 62
Der Reim — 63
Psycho-Logisches — 64
Gedichte für alle Gelegenheiten — 64
Kleine Schwächen — 80
Spiele — 82
Beruf — 84
Rundgesänge — 85

WIE GESTALTE ICH EINE KARNEVALSSITZUNG? — 87

Vorbereitungen — 87
Büttenreden — 89

VORWORT

Als der mit der Überarbeitung dieses Buches Beauftragte erlaube ich mir einige einleitende Anmerkungen, weil ich im Unterhaltungssektor auf jahrelange eigene Erfahrung zurückblicken kann.
Nach meiner Meinung ist *Dr. Allos* ausführlich und mustergültig auf die Merkmale eingegangen, die für den Ablauf und Erfolg einer Publikumsunterhaltung wesentlich sind. Nicht selten werden von Leuten, die eine volkstümliche oder karnevalistische Veranstaltung auszurichten haben, solche oder ähnliche Fragen gestellt, wie sie hier fachgerecht und plausibel beantwortet sind.
Besonders im Rahmen kleinerer Veranstaltungen findet man beim Publikum noch die Bereitschaft zum freudigen Mitmachen. Gerade dort spürt man die erwartungsfrohe dankbare Herzlichkeit, die im sogenannten größeren Kreise manchmal leider etwas vermißt wird. Viele meiner Kollegen stimmen mit mir darin überein, daß der spontane Applaus aus kleiner Runde mit zu den einprägsamsten Erlebnissen zählt.
Oft bin ich im Mainzer Fastnachtsgeschehen mit bekannten Akteuren wie *Dr. Willi Scheu* (Bajazz mit Laterne), *Ernst Neger,* den Mainzer Hofsängern u. v. a. in einem Programm aufgetreten und stehe noch heute aktiv auf der Bühne oder in der Bütt. Alle bestätigen, daß man dort die größte Freude vermitteln kann, wo man beim Zuschauer noch das »Leuchten im Auge« zu erkennen vermag.
Der langjährige Präsident der bekannten Fernsehsitzung »Mainz, wie es singt und lacht«, *Rolf Braun,* mit dem ich im Hinblick auf die Überarbeitung dieses Buches manchen Gedankenaustausch hatte, meint dazu:
». . . lieber närrische Kammerspiele, als große karnevalistische Opern. Diesem Grundsatz huldige ich, obwohl es natürlich beide Arten der Darbietung geben muß. Es ist eine bedeutsame Aufgabe der Narren, die zeitgeschichtlichen Ereignisse zu glossieren und den Mitmenschen den Narrenspiegel vorzuhalten. Dabei empfiehlt es sich, daß die Akteure auf der närrischen Bühne sich zunächst einmal der kleinen Alltagsprobleme annehmen, bevor sie das große Weltgeschehen anvisieren. Vor allem sollte ein politischer Vortrag niemals zur Wahlrede werden.
Aber auch der, der nur die kleinen menschlichen Schwächen des Alltags zum Ziel seiner Rede macht, sollte so formulieren, daß keine Wunden blei-

ben. Es ist ein bedeutender Unterschied, ob ich meine Mitbürger liebevoll auf den Arm nehme, oder ob ich sie an den Pranger stelle. Wichtig ist jedoch auch zu versuchen, selbst schöpferisch tätig zu werden. Das schließt nicht aus, daß man sich Anleitungen holt und Anregungen aufnimmt, wie sie in diesem Buch reichlich vorhanden sind.«
Soweit die Meinung eines Experten. Heitere Vorträge und Gedichte sollen zum Lachen anregen, sie können aber auch die kleinen menschlichen Unvollkommenheiten aufzeigen, die dem Zuhörer ein selbsterkennendes und verständnisvolles Lächeln entlocken.
Erlaubt ist, was gefällt. Die Palette reicht vom herzhaften Kokolores bis zur geistreichen Satire. Handeln Sie also nach dem Motto:

Wer vieles bringt,
wird jedem etwas bringen.

Willi Steinbrech

EINLEITUNG

Der Mensch ist ein geselliges Wesen. Deshalb findet er sich gern mit anderen zusammen, sei es im Kreise der Familie, sei es in Vereinen oder mit Freunden. Dabei liebt man einen guten Trunk, manchmal wird auch getanzt.

Wenn aber diese kleinen oder großen Feste ein Erfolg werden und als schönes Erlebnis in der Erinnerung haften sollen, denke man an das Dichterwort:

»Wo die Leier fehlet im festlichen Saal
Ist die Freude gemein, selbst beim Göttermahl.«

Die Leier ist das Wahrzeichen der Kunst, der Musik und der Dichtung. Für eine heitere Gesellschaft muß auch die Kunst heiter sein, denn man will sich freimachen von den ernsten Problemen und Sorgen des Alltags, man will vergnügt sein!

Das geschieht aber nicht, wenn kleine Gruppen etwa sich Witze erzählen. Dieses einseitige Vergnügen muß im Gegenteil verhindert werden, zunächst durch Schaffung einer gelockerten Atmosphäre, die geschickt in allgemeine Fröhlichkeit übergeleitet werden muß. Dieses Ziel erreicht man am besten, wenn man im richtigen Augenblick mit einer heiteren Rede oder einer witzigen Ansage alle anspricht.

Im allgemeinen aber kann man bei Vorträgen im heiteren Kreise sich auf das beschränken, was Goethe knapp und klar andeutet:

»So trägt Vernunft und rechter Sinn
Mit wenig Kunst sich selber vor!«

In der letzten Zeile ist das Wort »wenig« stärker hervorzuheben als »Kunst«. Denn dem Dichter kommt es auf das Wort »wenig« an.

Wichtig ist, daß der Vortragende innerlich frei und fröhlich ist. Denn niemand kann auf einen anderen mehr übertragen, als er selbst hat. Man sollte auch darauf achten, daß man beim Vortrag möglichst von allen gesehen wird; ferner, daß man im Gesicht von der Lichtquelle angestrahlt wird, sich also nicht vor einen Leuchtkörper stellt, so daß der Kopf im Schatten liegt. Wer noch ein Übriges tun will, der achte darauf, daß eine summende Belüftungsanlage vorher abgestellt wird, daß bei größerem Kreis nur die Bühne

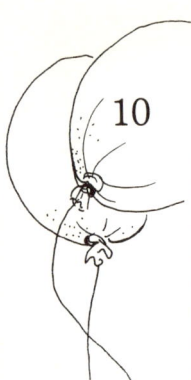

oder das Podium beleuchtet wird, der Zuschauerraum etwas abgedunkelt bleibt und die servierenden Kellner sich für die kurze Zeit zurückhalten. Man soll auch nicht auf einmal des Guten zuviel tun wollen. Die Gesellschaft will sich auch unterhalten, will trinken, will zwischendurch auch einmal tanzen!
Immer wieder muß man im rechten Moment etwas Lustiges einzustreuen verstehen, nur so läßt sich die Stimmung erhalten und steigern.
Nun sind bekanntlich »die Geschmäcker verschieden«. Ein Teil der Hörer schätzt den feinen besinnlichen Humor, der andere reagiert nur auf derbere Kost, die zum lauten Lachen reizt. Besonders schnell gewinnt der Vortragende Kontakt, wenn er einige humorvolle oder witzige Anspielungen auf den näheren gemeinsamen Interessentenkreis anzubringen versteht. Wir haben deshalb die Einteilung getroffen, Vorträge aus vielen Interessentenkreisen zu bringen und sie gegeneinander abzugrenzen. Sie sind für jeden Kreis verständlich; man stellt sie im besonderen Falle möglichst an den Anfang, um den Kontakt noch schneller herzustellen. Bei dem Thema »Liebe« und »Frauen« ist sowieso immer Aufmerksamkeit da, denn hier glaubt jeder Bescheid zu wissen.

WIE SAGE ICH EIN PROGRAMM AN?

Zuerst stelle ich fest, welche Darbietungen zur Verfügung stehen und welcher Art und Güte sie sind. Seriöse musikalische Darbietungen bringe ich normalerweise vor heiteren oder gar komischen Nummern.

Im Hinblick auf die wachsende Stimmung muß sich ein Programm steigern, vom Besinnlichen bis zur ausgelassenen Heiterkeit. Ein derber Komiker wird den Erfolg einer seriösen Gesangsdarbietung, die auf seine Lachsalven folgt, in Frage stellen; es sei denn, ein prominenter beliebter Künstler läßt seine Stimme ertönen. Aber auch hier ist es geschmackvoller, eine neutrale Darbietung, etwa einen Zauberkünstler oder akrobatische Darbietungen, vor ihm einzuschalten. Vor einer Darbietung, die auf Vortrag oder längere komische Prosa aufgebaut ist, etwa wie sie ein Komiker bringt, wird sich ein guter Ansager nicht durch lange Ansagen mit eigenem Witzrepertoire vordrängen. Er schadet damit nur seinem Nachfolger, weil er bereits vorher das Publikum durch zuviele Pointen oder gar durch Langeweile ermüdet.

Ist auf der Bühne dagegen ein Umbau nötig, so wird der Ansager diese Zeitspanne mit seinen Darbietungen so lange überbrücken müssen, bis er weiß, daß die angesagte Nummer startbereit ist. Wenn möglich, tritt der Ansager dabei vor den Vorhang, während für die anzusagende Darbietung hinter dem Vorhang alles vorbereitet werden kann, wie bei Zauberkünstlern, Artisten oder auch bei Sängern, für die der Flügel in die Mitte der Bühne gerückt werden muß.

Ist kein Vorhang vorhanden, so ist zu prüfen, ob die nötigen Aufbauarbeiten das Publikum nicht derart stark ablenken werden, daß die Pointen des Ansagers verpuffen. In diesem Fall wartet man den Aufbau ab und läßt dann, vielleicht unter Hinweis auf die nunmehr aufgestellten Gegenstände, die Ansage vom Stapel. Auch hier gibt es kleine Vorbilder. Steht ein Tisch auf der Bühne, kann der Ansager sagen:»Große Ereignisse werfen ihre Tische voraus.«

Oder ein Flügel wurde vorgeschoben, daran kann man unter Hinweis auf die Hilfskräfte anknüpfen:»Sie sahen soeben die Aktivisten der Gewerkschaft Transport und Verkehr ihr Übersoll erfüllen. Wir wollen das anerkennen und ihnen, die sonst immer verborgen sind, einen Applaus bringen.« (In diesem Falle ist die Aufforderung zum Applaus humoristisch gemeint, also angebracht.)

Auch vergesse man nicht, den Klavierbegleiter oder die Kapelle mit ihrem Dirigenten vorzustellen. Man kann das humoristisch machen, etwa »unser Beethovenersatz, Chopinhauer oder Tastajewski«, bei einem Dirigenten könnte man, indem man auf ihn hinweist, sagen: »Der Dirigent mit seinen Solisten heißt es immer. Das ist aber Unsinn. Denn wenn es nur Solisten wären, würde ein jeder spielen, was er will. Es ist aber eine viel größere Kunst, aus Solisten Künstler zu machen, die sich dem Dirigenten unterordnen und zusammenspielen. Toto-Wetten daraufhin, welcher Musiker zuerst fertig ist, sind zwecklos, denn es ist gerade die Kunst des Dirigierens, es so einzurichten, daß alle zusammen fertig werden.«

Bevor der Ansager auf die Bühne, das Podium oder die Tanzfläche tritt, wartet er zweckmäßig ab, bis alle Gäste Platz genommen haben. Stehen noch plaudernde Gruppen zusammen, wird er sie verbindlich bitten, sich zu setzen. Auch empfiehlt sich ein Tusch von der Kapelle, um die Aufmerksamkeit auf den Redner zu lenken.

Bevor ein heiteres Programm steigt, wird man die Ansprachen der Vereinsvorstände und Gäste sich abwickeln lassen. Auch Gelegenheitsgedichte stelle man möglichst an den Anfang.

Nun zur Ansage selbst.
Eine gute Conférence ist ein kleines Kunstwerk.
In der leicht plaudernden Art soll das Publikum in witziger oder geistreicher Form unterhalten werden.
Leicht plaudern aber bedeutet, daß der Ansager nicht in der Manier eines Jahrmarktausrufers schreit: »Meine Herrschaften, Sie haben jetzt die einmalige Gelegenheit, unsere Weltsensation erstmalig in dieser Stadt zu sehen.«
Ein guter Ansager wird nach der Begrüßung zu plaudern versuchen, und zwar über Dinge, die das Publikum interessieren und zum Lachen bringen. Aktuelle Ereignisse oder Anspielungen auf etwas, das in der Luft liegt und wozu das Publikum Beziehung hat, wirken immer.
Aber auch ohne diese Mittel kann der Ansager sich vorstellen, etwa dadurch, daß er mit dem Wort »Ansager« spielt, indem er sagt:
»Ich bin Ansager, aber kein Angeber. Ein Ansager soll ansprechen, aber was er sagt, soll nicht anspruchsvoll sein. Ein Ansager soll das Nötige sprechen, aber sich weder versprechen noch dem Publikum zuviel versprechen. Das tue ich bestimmt nicht, wenn ich Ihnen jetzt einen Kunstgenuß ankündige, bei dem der Name des Künstlers für Güte bürgt, ...« Er kann auch so beginnen:

»Ich erzähle nicht gern Witze. Man hat nur Ärger davon. Sind sie zu alt, dann macht jeder die Bewegung, die heißt: ›So'n Bart.‹ Erzählt man einen neuen Witz, verstehen ihn viele nicht, denn die meisten lachen nur über Witze, die sie seit Jahren kennen. Erzählt man aber einen Witz, den einige nicht kennen und trotzdem verstehen, dann ärgern sie sich später, daß sie die Pointe vergessen haben. Haben sie aber die Pointe behalten und erzählen sie am nächsten Tag den Witz anderen weiter, sagen diese zu ihnen: ›Mensch, der Witz hat sooo einen Bart!‹ Und dann ärgern sie sich erst recht. Das erinnert an eine andere Geschichte, in der einer sich beklagt, daß er ein Dichter ist. Er sagt:
›Hat man einen Gedanken, hat man kein Papier. Hat man Papier, hat man keine Gedanken. Hat man aber doch mal einen Gedanken zu Papier gebracht, braucht man das Papier nachher für andere Zwecke. Braucht man's aber nicht für andere Zwecke, findet man keinen Verleger. Findet man einen Verleger, verlangt er einen Vorschuß für die Druckkosten. Druckt er's aber trotzdem, kauft kein Mensch das Buch. Und kauft doch ein Mensch das Buch, dann liest er es nicht. Liest er's trotzdem, dann versteht er's nicht. Versteht er's aber doch, dann sagt er: ›Solch ein Blödsinn!‹ Und so will ich Ihnen aus meinen gesammelten Werken nun etwas vortragen!« – – –

Man vermeide im übrigen die üblichen allzu abgenutzten Conférenciermätzchen: Der Ansager kommt 'raus, keiner oder wenige klatschen Beifall. (Wozu auch, wenn man nicht weiß, wer der Ansager ist und was er kann.) Der Ansager legt seine Hand ans Ohr und lauscht. Dann sagt er: »Ich bin immer gewöhnt, mit großem Applaus empfangen zu werden; ich gehe jetzt nochmal 'raus und komme dann wieder 'rein und dann will ich hören, daß alle klatschen!«

Ein zweites Mätzchen ist folgendes: Der Ansager sagt zum Publikum: »Guten Abend, liebes Publikum! Das war gar nichts, wenn ich mich vorstelle, müssen Sie sich auch vorstellen. Also sage ich nochmal: ›Guten Abend, liebes Publikum!‹ und dann antworten alle: ›Guten Abend, mein lieber Heinz!‹«
Ein Ansager von Klasse wird auf diese billigen Effekte verzichten. Aber in anspruchslosen Kreisen kommen sie manchmal noch an und helfen zu einem Kontakt. Diese Art, sich einzuführen, erinnert an die Frage im Kasperle-Theater: »Kinder, seid ihr alle da?«
Natürlich besser, man findet den Kontakt auf witzige oder unterhaltsame Weise, wie z. B. durch eine nette Begrüßung.

Guten Abend, liebe Gäste,
hochverehrtes Publikum,
willkommen hier, beim Fest der Feste.
Auf los gehts los, und eben drum
laßt uns mit ein paar netten Dingen
den Alltag Euch vergessen machen,
dann alles, was wir heute bringen,
soll nur ein bißchen Freud' entfachen.

Freude ist uns allen hier
teures Lebenselexier,
woran wir uns gemeinsam laben,
auf daß wir etwas Freude haben.

*

Mit dem Begrüßungsvers ist die Möglichkeit zur Überleitung in das Programm gegeben, dessen erste Darbietung beispielsweise angesagt werden kann:
Und Ihnen zur Freude darf ich nun unseren ersten Gast vorstellen...
Noch ein Beispiel, das dem Leser für andere Fälle Anregung geben soll, selbst Pointen zu finden.
Die Berliner Tischlerinnung feierte ihr 400jähriges Bestehen. »Meine lieben Tischler! Was wäre die Welt ohne Tischler? Keine Wiegen, keine Betten. Und erst in der Politik! Was wären die Politiker ohne Konferenztische? Ohne schön gedrechselte Redensarten? Wie viele winken mit dem Zaunpfahl oder setzen sich zwischen zwei Stühle? Andere wieder haben ein Brett vor dem Kopf und lügen, daß sich die Balken biegen, weil sie auf dem Holzwege sind! Aber die Berliner Tischler fliegen nicht auf jeden Leim. Und wenn ihnen einer mit dem Holzhammer kommen will, sagen sie: ›Du kannst uns mal den Hobel ausblasen!‹« Zur Weihnachtszeit wird man auf das Fest anspielen. Zum Beispiel:
»Früher freute man sich als Kind auf die Äpfel und Nüsse. Später hat uns das Leben von selbst viele Nüsse zu knacken gegeben, bis man merkte, daß man nur veräppelt worden ist.
Früher stellte man seine Schuhe vor die Tür und wartete dann auf eine Überraschung. Später wird uns des öfteren so viel in die Schuhe geschoben, daß wir aus den Überraschungen gar nicht 'rauskommen. Früher gab es einen alten Aberglauben: Man soll vom Weihnachtskarpfen sich ein paar Schuppen ins Portemonnaie stecken, dann hätte man das ganze Jahr viel

Geld. Später haben wir erfahren, daß die Leute das meiste Geld haben, die
andere beschuppen. Ja früher und heute, wie sich die Zeiten ändern.

Ein Junge will vom Weihnachtsmann
Am liebsten einen Hampelmann.
Die Mädchen, anders als die Knaben,
Die möchten gern ein Püppchen haben.
Wenn sie dann groß und aufgeklärt,
Ist das Verhältnis umgekehrt.
Ein Püppchen suchen sich die Knaben,
'Nen Hampelmann will's Mädchen haben,
Den fest sie an der Stripe hält
Und zappeln läßt, wie ihr's gefällt.
Vielleicht wird mancher protestieren:
›Mir könnte sowas nie passieren,
Ich bin gewiegter Frauenkenner!....‹
Das sind die größten Hampelmänner...

∗

Aber den drolligsten Vers hat einmal ein kleiner Junge zum Weihnachtsmann gesagt, als dieser ihn aufforderte, ein Gedicht vorzutragen. Der Knirps sprach:

›Lieber guter Weihnachtsmann,
Guck' mich nicht so dußlig an,
Mach nicht so viel Menkenke
Und gib mir die Geschenke...‹

Dieser Spruch hat mir zu denken gegeben, meine Damen und Herren, deshalb will ich nicht so viel Menkenke machen und Ihnen gleich das Ihnen zugedachte Geschenk überreichen in Gestalt von... (Künstlername).«
Wichtig ist aber bei allem, daß der Ansager nicht einfach zusammenhanglos ein paar mehr oder weniger alte Witze erzählt und dann plötzlich sagt: »Eigentlich wollte ich Ihnen das gar nicht erzählen, denn nun kommt in unserem Programm eine interessante Darbietung.....«.

∗

Hier ergibt sich nämlich die wichtigste Frage, die des *Übergangs.* Wenn dieser fehlt, so merkt man, daß der Ansager nicht genügend Geist hat, um eine Brücke vom Gesagten zu der Programmdarbietung zu schlagen. Man sieht gewissermaßen den Riester des Flickschusters.

Bei musikalischen Darbietungen rede man etwas über Musik. (Im vorliegenden Buch sind einige einschlägige Texte wiedergegeben.) Dann leite man zu der musikalischen Darbietung über. Wenn man moderne Schlager anzukündigen hat, sollte das Publikum angeregt werden, sich auf einen musikalischen Leckerbissen vorzubereiten, im Gegensatz zu jenem Snob, der bei einem Schlager nicht der Musik, sondern dem Text applaudierte. »Bei unserem Gast finden Sie Text und Melodie harmonisch vereint, und wer könnte eine solche Gesangsdarbietung besser vortragen, als eine Künstlerin, die Ihnen aus Funk und Fernsehen bestimmt in bester Erinnerung ist...«
Bei Tanzdarbietungen spreche man über Tanz. Man kann da sagen: »Ich selbst verstehe nicht viel vom Tanz. Wenn ich mal getanzt habe, so handelte es sich dabei meist um vorbereitende Handlungen für spätere ernste Absichten. Und wenn ich zwei Dicke tanzen sehe, muß ich immer an den Lastenausgleich denken... Jetzt aber erleben wir Grazie und Schönheit. Wir sehen...« Natürlich kann man auch ein paar gute, möglichst noch nicht zu bekannte Witze einstreuen und versuchen, auf die kommende Darbietung überzuleiten, was mit etwas Geist und Phantasie gelingen muß.
Bei jeder Ansage aber beachte man, daß der Ansager die Aufgabe hat, jede Darbietung herauszustellen, sie geschickt zu servieren. Man hebe alles hervor, was das Interesse reizen kann, erwähne auch Erfolge der angesagten Darbietung im Rundfunk oder Fernsehen. Wer eine Darbietung von vornherein schon mit abfälligen oder gleichgültigen Worten abtut, vergißt, daß das Publikum nicht für den Ansager da ist, sondern der Ansager dem Publikum zu dienen und die Aufgabe hat, ihm die Darbietungen schmackhaft zu machen. Auch auf schwierige Tricks weist ein guter Ansager hin. Ein derber, allzuderber Witz vor oder nach einer kultivierten Kunstdarbietung wäre eine Geschmacklosigkeit. Auch hier muß man immer im Rahmen bleiben und Fingerspitzengefühl haben.
Vor allem gewinnt der Ansager durch persönliche Liebenswürdigkeit. Wer sich schnoddrig gibt, muß schon sehr viel können, um trotz der Schnoddrigkeit sympathisch zu wirken.
Man bedenke auch, daß nicht jeder im Publikum Wert darauf legt, in den Mittelpunkt des Interesses gerückt zu werden. Meist will der Ansager nur eine billige Pointe oder Fopperei anbringen, wenn er z. B. auf die Glatze eines Herrn hinweist oder fragt: »Ist das Ihre eigene Frau? Neulich waren Sie mit einer anderen da.«
In einem engen Familienkreis oder unter Vereinsfreunden braucht man die Worte nicht so auf die Goldwaage zu legen. Wenn der Kreis aber größer ge-

zogen ist, soll alles vermieden werden, was eine noch so kleine Mißstimmung erzeugen könnte. Bei den Ansagen gelten dieselben Regeln wie bei den Gelegenheitsgedichten. Auch hier kann man versuchen, den Namen humoristisch zu behandeln.

Die besondere Eigenart eines Kinderballetts kann man etwa folgendermaßen charakterisieren:

»Wenn Kinder ein Ballett uns zeigen,
Graziös wie Große sich verneigen,
Wenn sie kokett mit den Gefühlen
Der Liebe und der Sehnsucht spielen,
Und man bei allem Temp'rament
Des Kindes Unschuld noch erkennt,
Dann freut es uns, wenn diese Kleinen
Im Tanz wie Große uns erscheinen.
Wenn sie auch erst in spät'ren Tagen
Des Tanzes tief'ren Sinn erfahren,
Heut' tanzen sie noch unbewußt
In kindlich unbeschwerter Lust.
Wobei wir gleich am Können sehn,
Daß künftige Größen vor uns stehn.«

✻

Um ein kleines Beispiel für einen Übergang zu geben, zitiere ich hier ein bekanntes Gedicht von Christian Morgenstern, das ich von verschiedenen Ansagern als Vorspann hörte: »Das Huhn«.

In einer Bahnhofshalle, nicht für es gebaut,
geht ein Huhn hin und her.
Wo bleibt bloß der Herr Stationsvorsteh'r?
Wird man dem Huhn
Was tun?
Hoffen wir es, nein sprechen wir es laut,
Daß dem Huhn unsre Sympathie gehört,
Selbst an dieser Stelle, wo es stört...«

✻

Meine lieben Gäste! Wenn nun schon ein so großer Dichter wie Christian Morgenstern verlangt, daß man dem Huhn seine Sympathie entgegenbringen soll, das an einer Stelle auftritt, wo es stört, mit welcher Sympathie müssen wir erst eine Künstlerin aufnehmen, die da auftritt, wo sie hingehört, die uns ihre große Kunst an der richtigen Stelle, nämlich auf unserem Podium, bringen wird. Bringen wir ihr die Aufmerksamkeit entgegen, die ihr gebührt. Ich bitte Sie um diese bei...«

Man braucht aber nicht nur die Persönlichkeit des Auftretenden zum Gegenstand seiner Plaudereien zu machen, auch die Art der Darbietung oder die Texte der Lieder können humoristisch behandelt werden.

Ein Beispiel: Jemand singt ein Lied aus der Oper »Die lustigen Weiber von Windsor«.

Hier kann man sagen: »Neulich haben sich einmal ein paar Damen beschwert über den Titel dieser Oper. Sie sagten, das Wort ›Weiber‹ sei etwas ordinär, man könnte doch etwas vornehmer sagen: ›Die lustigen Damen von Windsor‹. Daraufhin sagte ich ihnen: Meine Damen! Goethe hat auch gesagt: ›Das ewig Weibliche zieht uns hinan‹ und nicht ›das Ewig-Dämliche!‹.«

Eine musikalische Darbietung kann man auch mit folgender kleinen Plauderei einleiten: »Wenn man Gelegenheit hatte, am Mikrophon oder vor der Kamera zu stehen, bekommt man öfter Briefe von den Hörerinnen und Hörern mit allerlei Wünschen. Manche können sich dabei nicht richtig ausdrücken. Neulich schrieb eine Dame, sie möchte gern eine Arie aus der Operette ›Die Fledermaus‹ hören, und zwar die Arie von dem schlecht sitzenden Anzug.

Sie meinte: ›Glücklich ist, wer vergißt, was nicht mehr zu ändern ist.‹ Eine andere Dame wollte gern die Oper hören mit der Gasstromersparnis. Endlich habe ich herausbekommen, was sie meinte: ›Gasparone... Gas spar ohne!‹

Eine andere Dame wünschte sich die Arie aus der Oper ›Madame Butterfly‹, wo im dritten Akt die Frau Essen für den Mann gekocht hat und nicht weiß, ob es ihm auch schmecken wird, denn sie singt da immer so ängstlich: ›Ob er's ißt, ob er's ißt?‹

Natürlich werden auch Lieder gewünscht, die die Liebe behandeln, zum Beispiel: ›Liebe ist kein Geheimnis.‹ Und das stimmt! Denn wenn zwei verliebt sind, benehmen sie sich so dämlich, daß es jeder merken muß! Heute singt uns aber unsere Sängerin Lieder, die wir immer wieder gern im Rundfunk und im Konzertsaal hören...«

Beim Ansagen eines Walzers kann man folgendes Verschen als Vorspann bringen:

»Ein Tanz hat erobert die Erde im Frieden,
Er siegte im Norden, West, Osten und Süden,
Er kennt keine Zonen und kennt keine Grenze:
Der Wiener Walzer, der König der Tänze.«

✻

Treten jugendliche Akrobaten auf, die noch reine Kinder sind, so kann man auf die schwere Arbeit hinweisen, die sie als Kinder schon durch tägliches Training zu leisten haben: »Es sieht alles auf der Bühne so leicht aus und geht so schnell vorüber. Aber es ist so, wie wenn Mutter ein gutes Essen gekocht hat. Es dauert manchmal zwei Stunden und in fünf Minuten hat man's 'runtergegessen. Die Vorarbeit ist hier das wichtigste. So geht es auch bei den Artistenkindern. Was sie hier in fünf Minuten bewundern, hat an Vorarbeit Monate, ja Jahre gekostet.

»Jede Arbeit, jedes Ziel
Muß man vorbereiten,
Was Artistin (oder Artist einst) werden will
Krümmt sich schon beizeiten.«

✻

Mit der Tanzkunst kann man sich unter Zuhilfenahme eines kleinen Gedichts beschäftigen, das man mit parodistischen Tanzgesten unterstreicht:

»In der Tanzkunst liegt oft ein tiefer Sinn.
Wer gut aufpaßt, erntet drum reichen Gewinn.
So kann man bei einer Tänzerin seh'n,
Zum Beispiel, wie leicht oft Gerüchte entsteh'n.
Die Tänzerin kommt auf die Bühne gegangen
Und wird gleich mit lautem ›Klatschen‹ empfangen,
Jetzt streut sie, die Gesten sind leicht zu deuten,
Gerüchte aus nach verschiedenen Seiten,
Gerüchte, die von dem gelenkigen Kind
Geschickt aus der Luft gegriffen sind.
Man nennt diese Übung ›Schöpfen und Streuen‹.
Und so schöpft sie und streut immer wieder von neuem.

Und was sie da ausstreut, das geht schnell rund,
Das macht uns das Drehen der Tänzerin kund.
Dann entzieht sie sich lächelnd dem kritischen Blick
Und weicht immer mehr von der Wahrheit zurück,
Streckt wie abwehrend aus ihre zarten Hände,
Weicht nach rechts und nach links aus graziös und behende
Wobei ihre Armbewegungen sagen:
›Die Verantwortung müssen die anderen tragen.‹
Doch zuletzt wird sie weich, beugt die Knie geschickt,
Worauf sie am Schluß ganz zusammenknickt.
Noch ein unschuldiges Lächeln im Angesicht.

Ja, so endet auch meistens ein jedes Gerücht.
Man sieht wieder mal, daß ein weiser Mann
Von der Tanzkunst noch allerlei lernen kann!«

✽

Tritt ein Star auf, fängt man bei den Weltraumraketen an und sagt, es werde nicht lange dauern, dann fliegen wir in den Sommerferien auf den Mond oder auf die Sterne. Natürlich will dann jeder auf den Stern, der ihm am nächsten liegt.»Die Autofahrer müssen zum Wassermann, die Ammen besuchen die Milchstraße, die Jünglinge wollen zur Jungfrau und die Jungverheirateten sehen sich die Zwillinge an. Aber wir brauchen nicht erst zu den Sternen zu fliegen, wir haben Ihnen heut die größten und beliebtesten Sterne vom Kunst-(Varieté-)Himmel herabgeholt, und Sie können sie aus nächster Nähe bewundern, unsere Sterne...«

✽

Bei einer humorvollen Darbietung leitet man durch eine kleine Erklärung, was Humor sei, mit folgenden Versen über:

Der echte Humor

Der echte Humor gleicht dem fallenden Schnee.
Er kommt aus dem Himmel, tut niemandem weh
Und setzt allen Dingen voll Übermut
Auf das Haupt einen hellen, lustigen Hut.
Genau wie der Schnee alles Nied're erhöht,
Von dem Antlitz der Erde die Furchen verweht,

So streicht der Humor alle Falten glatt
Und erhöht, wo das Schicksal erniedrigt hat.
Aller Schnee kommt vom Himmel, ist sauber und rein,
Und deckt, auch wo Schmutz liegt, mit ›Weißheit‹ ihn ein.
So kommt uns das Leben viel leuchtender vor
Durch schimmernden Schnee und durch sonn'gen Humor.

✻

Ist das Programm zu Ende, verabschiedet sich der Ansager, indem er ein paar nette Worte des Dankes für die liebenswürdige Aufmerksamkeit des Publikums äußert. Dann nimmt er selbst Abschied mit besten Wünschen für den weiteren frohen Verlauf des Festes und manchmal auch mit einem Dank an den verantwortlichen Herrn, der es verstanden hat, das Fest so schön zu gestalten. Oft sind die »Festemachermeister« nicht die Vorstände selbst, sondern durch ihre Fähigkeit besonders ausgewählte Freunde. Einem solchen kann man folgende Verse zum Schluß widmen:

»Uns're allbekannten Feste
Arrangiert er auf das Beste,
Überall, wo es auch sei,
Ist Freund Lange mit dabei.
Zwar im grellen Rampenlicht
Sieht man diesen Künstler nicht.
Alles lenkt er, wie wir wissen,
Leise hinter den Kulissen,
Kümmert sich um jeden Dreck
Und hat stets die Ruhe weg.
So zeigt geistige Potenz
Uns're ›blaue‹ Eminenz.
Lenken wir mal einen Blick
Auf die letzte Zeit zurück.
Kann man ihm da Lob verweigern?
Stets verstand er es zu steigern,
Daß an Raum es uns nicht fehle,
Wählte er die richt'gen Säle,
Als ein Mensch, der voraus denkt,
Hat er unser Fest gelenkt.
Rechnet nach, die vielen Stunden
Hat für uns er sich geschunden,

Strebte nicht nach Ruhmesglanz,
Wollte keinen Lorbeerkranz.
Doch heut' wollen wir erklären,
Daß wir alle ihn verehren,
Und für viele frohe Stunden
Unsern Beifall ihm bekunden!«

✻

Normalerweise aber genügt es, sich mit einem Scherz oder freundlichen Worten zu verabschieden. Eine bekannte Phrase ist die: »Der Humor hat seine Schuldigkeit getan, der Humor kann geh'n.«
Oder:

»Auch ich muß nun zu guter Letzt
Von Ihnen Abschied nehmen jetzt,
Ich hoffe doch, daß Ihnen allen
Das heutige Programm gefallen,
So wünsch' ich, bevor ich von ihnen muß geh'n,
Jetzt noch recht viel Vergnügen. Auf Wiederseh'n!«

✻

Es macht sich immer ganz gut, wenn man Zitate einstreuen kann. Einige Beispiele mögen zur Anleitung hier stehen:

»Wie fang' ich's an, die Stimmung zu beleben?
Erzähl' ich Witze, die sind längst bekannt,
Greift nur hinein ins volle Menschenleben,
Und wo ihr's packt, da ist es int'ressant.«

✻

Wenn ein Angeheiterter die Vorstellung stört, kann man ihm ein Goethewort entgegenhalten. (Bitte aber nicht das aus dem »Götz von Berlichingen«.) Vielmehr sagt man freundlich:
»Den Mann da muß Goethe schon gekannt haben, als er die großen Worte aussprach... (Pause: jetzt denkt jeder, es seien die Worte aus dem Götz):

›Wer *fertig* ist, dem ist nichts recht zu machen.
Ein Nüchterner wird immer dankbar sein‹.«

Oder auf einen anderen Störenfried:

»Die Kinderstube, Freund, ist kein Ballast.
Wer sie nicht hat, riskiert es abzublitzen,

Was du ererbt von deinen Vätern hast,
Erwirb es, um es zu besitzen.«

✻

Auf einen hochverehrten Ehrengast:

»Welch ein Gefühl mußt du, o großer Mann,
Bei der Verehrung dieser Menge haben!
O glücklich, wer von seinen Gaben,
Solch einen Vorteil ziehen kann!
Wenn du des Festes Freude mit uns teilst,
Dann ehrt es uns, daß du bei uns verweilst.«

✻

Oder wenn der Tanz losgehen soll, wäre folgendes Goethewort am Platze:

»Dem Tüchtigen ist diese Welt nicht stumm,
Man tanzt, und die Kapelle macht Bum-Bum.«

✻

Auch bei Gelegenheitsgedichten sind Zitate angebracht.
Als Beispiel die Anspielung auf einen kleinen ehelichen Zwist:

»Die Frau ist schwer an ›volle‹ Männer zu gewöhnen,
Schon Schiller sagt: ›Da werden Frauen zu Hyänen‹.«

✻

Beim Namen Franz:

»Wer faßte seine Braut gleich um die Taille?
Bei Schiller heißt es: ›Franz heißt die Kanaille‹.«

✻

Der schüchterne Liebhaber bekommt den Vers:

»Errötend folgt er ihren Spuren,
Wie einst die alten Troubadouren.«

✻

Oder:

»Er sagte, als wär's ein Courths-Mahler-Gedicht:
›Ich lasse dich nicht!‹.«

Auch in den dichterischen Erzeugnissen, die hier veröffentlicht sind, finden sich viele Zitate, die man bei Gelegenheitsgedichten sinngemäß verwenden kann.

Zur Programmansage und zum Thema »Übergang« erhielten Sie nun einige Anregungen, wobei es Ihnen überlassen bleibt, ob Sie die Texte in ihrer Gesamtheit oder nur auszugsweise verwenden.

Inhalt und Länge des Vortrages sollten der jeweiligen Situation angepaßt werden. Steht dem Veranstalter ein umfangreiches Programm zur Verfügung, dann beschränken Sie sich auf eine kurze, aber aussagekräftige Moderation. Nichts ist schlimmer, als langatmige Reden zu halten, zumal die Aufmerksamkeit des Publikums nur durch kurzweilige Aussagen und vor allem durch frohe Erwartung erzielt werden kann.

Wer vor dem Publikum steht, der sollte bereit sein, eigene kleine menschliche Schwächen unumwunden zuzugeben und sich nicht als Übermensch präsentieren. Man lacht gern über andere und ganz selten über sich selbst. Aber man ist bereit, in den kleinen Unzulänglichkeiten des anderen sein eigenes Spiegelbild zu erkennen.

WIE BRINGE ICH STIMMUNG IN EINE GESELLSCHAFT?

Jetzt sollen Sie plötzlich ganz allein Stimmung machen und eine Gesellschaft unterhalten. Ein Programm, daß Sie ansagen könnten, steht nicht zur Verfügung.
Nun fragen Sie sich: Was soll ich tun? Überlegen Sie sich vorher. Menschen, die durch Familienbande, berufliche oder sportliche Interessen verbunden sind, glauben ihre Geselligkeit dadurch zu offenbaren, daß sie über den gemeinsamen Interessenkreis oder gar Sorgen und geschäftliche Fragen sprechen.
Das ist das verkehrteste, was man machen kann.
Hier kann nichts Neues, Interessantes entstehen, denn meist drischt jeder die gleichen Phrasen, wie sie in der Zeitung stehen oder wie sie im Familienkreis üblich sind.
Ein neuer Wind muß kommen, der das triviale Gerede verstummen läßt und dafür etwas Lustiges in den Kreis trägt. Gedanken, die man im Alltag nicht hat, die aber heiter sind, bringen die Stimmung auf den gemeinsamen Nenner der Fröhlichkeit.
Wenn Menschen gemeinsam über das gleiche gelacht haben, fühlen sie sich näher verbunden und kommen in eine Stimmung hinein, die alle Schranken der Förmlichkeit, der Steifheit und der Verlegenheit niederreißt.
Mitunter gibt es Vereinsvorstände, die glauben, einen lustigen Vortragenden oder Sänger immer wieder anspornen zu müssen, wobei sie fortgesetzt auf das ausgemachte Honorar hinweisen. Das ist unklug. Ein guter Unterhalter weiß und fühlt, wann, wie oft und wie lange er in die Bresche springen muß, um eine Steigerung des Stimmungsbarometers zu erreichen.
Wenn das Pferd einmal im Galopp ist, schaden Sporen und Peitsche nur.
Da soll der Unterhalter warten, bis ein müder Punkt sich seinem erfahrenen Blick ankündigt. Dann erst ist wieder ein Aufputschen angebracht.
Es ist auch nicht gesagt, daß man, um Stimmung zu machen, sogleich die schärfsten Pointen anbringen soll. Es ist hier wie bei einem von mehreren Mitwirkenden durchgeführten Programm, eine Steigerung durchaus unentbehrlich. Die gewagteren Dinge hebe man sich für später auf, denn da-

mit kann man bei solchen Menschen anstoßen, die noch nicht »warm« geworden sind und ihre Hemmungen erst allmählich überwinden müssen.
Ein kleines Gedicht zu Anfang, das harmlos, dabei humorvoll sich an die Anwesenden direkt wendet, sei hier als Muster angeführt.
Die Zeilen lassen sich leicht umändern, indem man den Verein, den Anlaß der Feier oder das Lokal einsetzt, wodurch der Eindruck erweckt wird, als ob das Gedicht ausgerechnet für diese Feier gemacht sei.
Auch am Schluß kann man statt der Zeilen »Sind wir zum Trinken gern bereit, ein Prosit der Gemütlichkeit« etwa folgendes einsetzen:

»Drum heben wir das Glas geschwind
Und trinken aufs Geburtstagskind«;

oder:

»Drum woll'n wir dieses Glas hier weih'n
Den Freunden von dem Sportverein.«

*

Noch wirkungsvoller ist es, wenn man auf den Namen des zu Feiernden einen Reim findet. Ich hatte einmal in einem Kegelklub »Mirakel« das Gedicht zu sprechen, da improvisierte ich schnell:

»Drum heb' ich hoch wie'n Tabernakel
Das Glas aufs Wohl vom Club ›Mirakel‹.«

*

Einführungstexte

Und nun das Gedicht selbst als Vorlage:

Der Mann aus Syrerland

Es ging ein Mann aus Syrerland,
Führt ein Kamel am Halfterband
Und drängt es mit vergnügtem Sinn
Zu uns hier vor die Haustür hin.
Doch das Kamel nahm dieses krumm,
Es macht kurz kehrt und dreht sich um
Und hat den Syrer angezischt:
»Nee, für Kamele ist das nischt!
Da trägt man lust'ge Sachen vor,

Kamele sind nicht für Humor,
Die bleiben ernst und würdevoll,
Wie ein Kamel sich geben soll.
Auch seh' ich Wein (Bier) in Gläsern blinken.
Kamele brauchen nicht zu trinken.
Denn wenn wir durch die Wüste geh'n
Ist nirgendwo ein Quell zu sehn,
Die Menschen könnten da nicht wandern,
Es fehlt ein Urquell nach dem andern.
Ein solches Fest ist mir ein Graus,
Wer ein Kamel ist, hält sich 'raus.
Der Vorstand zählt die Seinen munter,
Doch kein Kamel befand sich drunter.
Weil die Geschichte vom Kamele
Hat ausgetrocknet manche Kehle,
Sind wir zum Trinken gern bereit:
Ein Prosit der Gemütlichkeit!
Erfreut das Herz und Eure Kehle,
Auf daß beim Frohsinn keiner fehle ...
Höchstens halt die paar Kamele.

✸

Ein anderer Anfang:

Begrüßung

Wenn wir Feste feiern, dann herrscht jederzeit
Bei uns Jubel, Trubel, Heiterkeit.
Hier gibt keiner an und bild't sich was ein,
Hier ist jeder Mensch, hier darf er's sein.
Heute wird mal fest auf die Tube gedrückt,
Heute spielen wir alle ein bißchen verrückt.
Wobei vielleicht so mancher entdeckt,
Daß im Närrischsein höchste Weisheit steckt.
Heut' spiel'n wir verrückt, heut' ist alles egal:
Morgen sind wir dann wieder so ziemlich normal.

✸

Betonen Sie, daß es an jedem selbst liegt, den grauen Alltag in stimmungsvoller Runde vergessen zu machen.

Ein bekannter Mainzer Volksdichter früherer Jahre prägte einmal den weisen Spruch:

Wer's Leben für'ne Narrheit hält,
Hat manche frohe Stunde.
Doch wer sie ernst nimmt, diese Welt,
Der geht an ihr zugrunde.

*

Wenn Wein getrunken wird, kann man dieses edle Getränk zum Anlaß nehmen und sagen:

Der Wein

Der Mensch lebt nicht vom Bier allein,
In Stimmung bringt uns erst der Wein.
Den läßt man nicht gleich hintern Halsknorpel rollen,
Erst schnuppert man an der Blume, der vollen,
Man schlürft ihn bedächtig und kaut ihn leise,
Trinkt schluckweise ihn, bei jedem Schluck – weise!
So genießt der Kenner den edlen Wein,
Natürlich der Jahrgang muß richtig sein.
Sitzen Männer am Stammtisch beim Bier statt beim Wein,
Dann politisier'n sie und zuletzt penn'n sie ein.
Aber halten sie sich an des Bacchus Gaben,
Da werd'n sie lebendig, die alten Knaben,
Und seh'n mit diesem Feuertrank im Leibe
Die Schönheitskönigin in jedem Weibe.
Da fühlen Opas sich als Casanovas,
So daß die Jungfrau lächelnd denkt: »Na sowas!«
Sei ruhig, bleibe ruhig, mein Kind,
In dürren Blättern säuselt der Wind!
Ja, das Wollen erweckt zwar der Saft der Reben,
Doch das Können dazu kann er nicht mehr beleben.
Deshalb haben bekanntlich erfahrene Frauen
Zu den Herrn mit den grauen Schläfen Vertrauen.
Aber kriegt sie 'nen Schwips und kommt richtig in Schwung
Tanzt sie Rumba mit andern. Und die sind – jung!
So bringt der Wein Gutes für Alte und Junge,
Löst der Jugend das Mieder und dem Alter die Zunge.

Ja, der mächtigste Zauberer ist der Wein,
Macht den einen zum Gott und den andern gemein.
Weil in jedem Menschen er das erweckt,
Was verborgen im Unterbewußtsein steckt.
Deshalb trinket mit Vorsicht das kostbare Naß!
Wein ist Wahrheit: In vino veritas.

✻

Sitzt die Gesellschaft fröhlich beim Bier, wären folgende Verse auf den Gerstensaft am Platze:

Das Bier

Wer vom Bier und vom Brauen ein wenig versteht,
Hat gelernt, wie der Gärungsprozeß vor sich geht.
Wenn es gärt, wird das Unt're nach oben gehoben,
Und dabei kommt die Hefe zunächst mal nach oben.
Es bildet sich Schaum, der breitet sich aus,
Und zuletzt wird ein trinkbares Bier daraus.
Und wenn es bei uns einmal brodelt und gärt,
Kommt auch hier eine Zeit, da sich alles klärt.
Die Hefe, und mochte sie noch so toben,
Sinkt immer nach unten. Was Wert hat, bleibt oben.
Und wenn sich geklärt so das edle Naß,
Vereinigt in einem gemeinsamen Faß,
Dann ist auch für uns, zur Reife gegoren,
Bestimmt noch nicht Hopfen und Malz verloren.
In dem Sinne laßt uns das Glas erheben:
Auf das, was wir lieben, die Zukunft soll leben.

✻

Aus dem Alltagsleben

Ein richtiger Dichter muß auf alles, was er sieht, einen Vers machen können. Ich habe es auch einmal versucht. Ich nahm zufällig eine Streichholzschachtel in die Hand und zündete mir eine Zigarre an, da hatte ich folgende Idee:

Das Streichholz

Ich zündete neulich ein Streichholz an,
Und dacht mir: Genau so geht's manchem Mann.
Er fängt plötzlich Feuer, wobei ihm passiert,
Daß im Augenblick er den Kopf verliert.
Jetzt geht ihm ein Licht auf. Dabei wird ihm klar,
Daß er wie das Streichholz – verkohlt worden war.

oder:

Das Feuerzeug

Wer ein Feuerzeug hat, der weiß Bescheid,
Nur die wenigstens sind immer feuerbereit,
Die meisten versagen und gehen nicht an,
Sie kriegen kein Feuer – wie'n alter Mann.
Ein Streichholz dagegen ist jederzeit
Sogar bei der ältesten Schachtel bereit.
Vorausgesetzt, daß die Reibefläche
Nicht abgenutzt wurde durch Altersschwäche.
Moral:
Je komplizierter ein Innenleben,
Desto schwieriger wird es Zündungen geben.

✤

Neuerdings tragen die Herren wieder eine farbige Weste zum Anzug. Die alte gleichfarbige Weste wird in die Mottenkiste gesteckt. Ist das nicht schon Stoff für ein Drama? Man könnte es betiteln:

Anzug und Weste

Anzug und Weste waren genau
Aus demselben Stoff, er war dunkelgrau.
Diese Ehe wurd' schon beim Schneider geschlossen,
Denn sie paßten zusammen wie angegossen.
Und wenn jemand die beiden sah, dann fand er:
Die passen ganz großartig zueinander!
Doch man soll selbst nicht bei soliden, grauen
Jackettanzügen auf Treue bauen,

Denn schon einen Tag nach dem Weihnachtsfeste
Liebt der Anzug 'ne violette Weste,
Und prahlte damit, es war schauderhaft:
»Seht mal her, meine neueste Errungenschaft!«
Die alte schimpfte: »Du Schuft, nun verläßte
Die zu dir gehörige gleichfarbene Weste,
Und, wenn ich nur unscheinbar bin und grau,
Ich bin doch die richtiggehende Frau.«
Doch der Anzug ließ schießen der Leidenschaft Zügel,
Hing die Nächte sogar an demselben Bügel
Mit der neuen Weste, der violetten.
Diese Bügel sind für die Kleider die Betten,
Worin sie verschlafen des Tages Falten,
Um die elegante Fasson zu behalten.
Jede Nacht so der Anzug im Bügel preßte
An sein Herz jene violette Weste.
Und nachdem er sie so eine Zeitlang gedrückt,
Da wurde die Weste zum Reinigen geschickt.
Da er nun keine andere Weste mehr hatte,
Ging er wieder zur alten als liebender Gatte.
Ewige Liebe schwor er ihr jetzt auf das Neue
Und daneben sogar auch noch ewige Treue.
So blieben die beiden jetzt wieder vereinigt,
Da kehrt von der Reinigung, frisch gereinigt,
Neu aufgebügelt mit einer Plätte
Zurück die Weste, die violette.
Das heißt: Violett war sie nicht mehr zu nennen,
Man konnte die Farben nicht mehr erkennen,
Die hatten das Reinigen nicht ausgehalten!
Da sprach unser Anzug zur grauen, alten,
Soliden Weste: »Ich wünschte, ich hätte
Nie gesehen die Weste, die violette,
Mit dir nur allein bleib ich immer vereinigt,
Du behältst deine Farben, wenn man dich reinigt.«
– – Und Sie glauben, so etwas passiert doch eben
Genau so fast täglich im menschlichen Leben,
Daß, wenn sie den Fehltritt eingesehen,
Die Männer zurück zur Gattin gehen?

Bei den Männern ist selten solch eheliche Treue.
Die suchen 'ne bunte Weste, 'ne neue,
Und hoffen bis an ihr seliges Ende,
Daß sich doch noch vielleicht mal 'ne waschechte fände!

✽

Genau so, wie man ein Bild erst durch den Kontrast von Hell und Dunkel wirksam gestaltet, ist es manchmal angebracht, wenn die Aufnahmefähigkeit des Publikums es gestattet, eine kleine besinnliche Unterbrechung der heiteren Vorträge einzuflechten. In einer lustigen Runde wird man gern gegen die Streber, die Ehrgeizigen gerichtete Spottverse hören.

Leitergrößen

Wenn auf steiler Ehrgeizleiter
Eitle Menschen klettern weiter,
Fragt der Denker sich: Wozu
Klimmt empor man immerzu?
Einmal endet jede Leiter,
Du stehst da und kannst nicht weiter,
Greifst nur kindisch nach den fernen,
Unerreichbar weiten Sternen ...
Wenn du klug bist, bleibst du heiter,
Stellst zur Seite deine Leiter,
Und bist froh, daß du nun weißt,
Daß man den zu Unrecht preist
Oft als einen großen Mann,
Der nur Sprossen klettern kann.
Nur im Dichten, Denken, Träumen
Sind wir Herr von Weltenräumen,
Und es kann uns nur erheitern,
Klettern andre noch auf Leitern.

✽

Wer ...

Wer unentwegt von Wahrheit spricht,
Wer sagt, er kennt die Lüge nicht,
Mit überzeugendem Gesicht,
Der – und das bei Tag und Nacht –
Schwindelt, daß die Schwarte kracht.

Wer im Traum ein Mädchen küßt,
Sich beim Küssen ganz vergißt
Und morgens wie gerädert ist,
Hat, das sei hier eingeräumt,
sehr wahrscheinlich nicht geträumt.

Wer schon morgens früh beschwingt
Von Zweisamkeit und Liebe singt,
Und wem dies abends noch gelingt,
Kann eigentlich, das leuchtet ein,
Nur Junggeselle sein.

Wer als Jungfrau dann und wann
Nicht dran glaubt, daß sie dem Mann
Ihres Herzens glauben kann,
Merkt oft nach dem ersten Kuß
Wie rasch man daran glauben muß.

Wer seinem Spiegelkonterfei
Erzählt, daß er unfehlbar sei
Und fühlt sich auch noch wohl dabei,
Ist von der Sohle bis zum Scheitel
Dumm und eitel.

Wer rücksichtslos und unbedingt
Um jeden Preis den Sieg erringt
Und Meinungsfreiheit niederzwingt,
Wer sich zum Größten auserkoren,
Hat längst verloren.

✻

Im Zeitalter der Umweltverschmutzung sollte auch dieses Thema nicht unangesprochen bleiben, zumal der überwiegende Teil der Gäste es trotz Promillegrenze vorzieht, auf den eigenen Wagen nicht zu verzichten.
Man sollte die Probleme jedoch nicht im Stile eines Politikers angehen, denn selbst über zeitkritische Dinge kann man reden, ohne die Stimmung zu schmälern.
Hier ein kleines Beispiel, eingeleitet mit einem Ausblick auf die wohl schönste Jahreszeit, den Frühling.
Man kann die Frage stellen, was der einzelne empfindet, wenn der Frühling naht.

Wann wird es Frühling?

Wenn die ersten Wachteln singen,
Wenn die Frösche wieder springen.
Wenn man just an Blusen puzzelt
Und das Blut im Busen brutzelt.

Wenn die Birken sich entfalten
Und reife Männer Ausschau halten
Nach den jungen, frischen Sorten,
Wird es Frühling allerorten.

Wenn die Frauen mit Entzücken
Uns verschlingen mit den Blicken.
Wenn sogar die überreifen
Sich am eig'nen Mann vergreifen.

Wenn die Jungen wie die Alten
Pillenkauend Händchen halten
Und sie schweigen – von allein –
Dann muß in Bälde Frühling sein.

Wenn der Schnee zur Schmelze geht
Und jeder wie auf Stelzen steht,
Um nicht im Schlamm gleich zu versaufen.
Wenn wir nur Auspuffgase schnaufen

Auf dem Weg durch Feld und Flure.
Wenn wir erspähen manche Fuhre,
Die ein Simpel dann im Wald
Zum anderen Gerümpel knallt,

Wenn wir durch Smog und Schwaden gehn
Und die Sonne nicht mehr sehn,
Wenn es stinkt und nicht mehr schneit,
Ist der Frühling nicht mehr weit.

Wenn man in Gesellschaft ist
Und mal ein nettes Mädchen küßt.
Wenn man zu einem Flirt bereit ist,
Weil es jetzt langsam an der Zeit ist,

Und wenn man schmiedet zarte Bande,
Zieht nicht der Frühling durch die Lande,

Sondern dann, trotz Autoreise,
Fühlt man sich wohl im Freundeskreise,
Den wir mit vielen netten Gaben
Heute hier gefunden haben.

✳

Auto-Philosophie

Einem Manne, der nicht mehr Auto fährt,
War ein Blick in den menschlichen Motor beschert.
Er staunte, wie leicht das Innengetriebe
Durch Hunger wird vorwärts getrieben und Liebe.
Wie man kuppelt und bremst, meist an falscher Stelle,
Und geschmiert wird, ohne Abschmiertabelle.
Wie ein höherer Wille uns lenkt manchmal
Ohne Fahrtrichtungszeiger und Hupensignal.
Ist der Motor verbraucht, baut ein rechnender Gott
Neue Wunder der Technik aus restlichem Schrott.

✳

Es braucht nicht gerade einer aus dem Kreise sich einen neuen Wagen gekauft zu haben, so daß man nachfolgenden Vortrag zu einem scheinbar improvisierten Ereignis für die Runde machen könnte. Jeder interessiert sich für ein neues Auto, so daß er gern zuhören wird.

Das neue Auto

Ein neuer Wagen ist uns wert und lieb,
Man sagt wie von der Braut: »Das ist mein Typ!«
Man blickt bewundernd auf das Fahrgestell,
Auch die Lackierung reizt eventuell.
Man setzt ans Steuer sich mit stolzen Blicken
Und möchte fest gleich auf die Tube drücken.
Doch ist das nicht erlaubt, weil, wie ihr wißt,
Das Auto wie die Braut – gedrosselt ist.
Man darf nicht gleich auf volle Touren schalten,
Im Anfang heißt es, sich zurückzuhalten.
Allmählich lernt durch Übung man versteh'n,
Mit Frau'n und Autos sachte umzugeh'n.

Das Öl der Liebe darf dabei nicht fehlen;
Man soll sie nicht durch rohes Schalten quälen.
Ein Auto hat man gern für sich allein,
Drum baut man eine Diebessich'rung ein.
Bei Frauen fehlt die Sich'rung leider heut',
Die Technik ist bis jetzt noch nicht so weit.
Man darf mit Pflege und mit Geld nicht sparen,
Das lehrt die Liebe und das Autofahren.
Ist man zufrieden, macht man keine Faxen
Und läßt am Wege steh'n die bill'gen Taxen,
Dann ist man eingeschworen haargenau
Aufs eig'ne Auto und die eig'ne Frau.

✻

Ein altes, klappriges Auto ist immer ein beliebter Gegenstand des Spottes gewesen. Viele haben die Leiden mit einer alten »Rostschüssel« am eigenen Körper erlebt.
Den Reparaturwerkstätten und Fachleuten meine Hochachtung, was sich liebt, das neckt sich! Nur Besitzer von alten Autos beschimpfen sie wie hier zum Beispiel:

Das alte Auto

Man kauft ein Auto wie ein Pferd
Das Inn're ist noch ungeklärt.
Erst nachher wird man Internist
Und weiß, was drin verborgen ist.
Die Reifen schon von weitem man
Als »überreif« erkennen kann.
Ein Auto, fehlen die Profile,
Dreht sich wie eine Kaffeemühle
Im Kreis um 180 Grade,
Rutsch-Asphalt wirkt wie Marmelade.
Um 180 Grad zu schwenken,
Dabei versuchen, noch zu lenken,
Dazu gehört sehr viel Geschick,
Man sieht das in der Politik.
Vor jeder Kreuzung ist man bange;
Man schleicht nur noch im ersten Gange.

Bei Nässe schwimmt es hin und her
Als wär's ein Paddelboot im Meer
Das war des Autos Außenseite.
Im Innern fängt erst an die Pleite.
Des Zahnrads unplombierte Lücke
Verbunden mit der Kupplung Tücke
Stimmt selten einen Fahrer heiter,
Trotz Leerlauf läuft die Kiste weiter.
Vor Wut verliert man seine Haltung,
Wenn Jazzgeräusch entsteht durch Schaltung.
Wer weise ist, der sieht sich drum
Nach einem Abschleppwagen um.
Oft hält auch nicht das Autolicht,
Was der Verkäufer dir verspricht,
Es leuchtet dann nicht, wenn es soll,
Der Schutzmann lebt vom Protokoll.
Und auch der Brennstoff ohne Frage
Wirkt nerventötend ohne Frage;
Wie Kaffee gießt man ihn durch Siebe,
Und trotzdem bleibt die Soße trübe.
Schon viele wie Trompeter bliesen
Die Fusseln aus verstopften Düsen.
Beim Kühler oft der Fahrer weiß wird,
Wenn der, anstatt zu kühlen, heiß wird,
Der Kühler, stellt man fest erschreckt,
Benimmt wie 'n Baby sich, er leckt.
Man fängt das Auto an zu hassen,
Man muß es reparieren lassen.
Wie sehr du aufpaßt, du fliegst 'rein,
Die Rechnung wird stets höher sein.
Wer einem Autofachmann traut,
Der hat auf altem Schrott gebaut.
Wenn er den Reifen anmontiert hat
Und dafür gutes Geld kassiert hat,
Vergißt er 'n Bolzen oder Splint,
Das Rad freut sich wie 'n kleines Kind.
Beim Fahren löst sich's von der Nabe,
Vom Mädchen reißt sich stolz der Knabe,

So eilt das Rad hinaus ins Weite,
Das Auto legt sich auf die Seite.
Dagegen gibt's nur ein Rezept:
Ruf an! dann wirst du abgeschleppt.
Der Autofahrer flucht wie 'n Hottentotte
Und singt zum Trost das Lied von der Klamotte:
Es klappern Ventile,
Der Kühler, der leckt,
Und die Batterie ist
Schon lange defekt.
Es kracht im Getriebe,
Ein Bolzen fliegt weg,
Die Kuppelung schleift,
Und im Brennstoff ist Dreck,
Ein Reifen hat immer ein Loch,
Aber 'n tüchtiger Fahrer fährt doch!

✽

Es gibt sogar »betuchte« Leute, die alte Autos sammeln. Die Oldtimer-Sammlung ist ein kostspieliges Hobby, zumal die Platzfrage hier eine ganz andere ist, als beispielsweise bei einem Briefmarkensammler.

Eine sich vernachlässigt fühlende Ehefrau bemängelte einmal bei ihrem Mann die angeblich entschwundene Leidenschaft. Im Freundeskreise umschrieb sie die Situation jedoch sehr charmant, denn sie sagte mit verschmitztem Lächeln:

»Bei meinem lieben Mann bewundere ich Tag und Nacht seine Sammlerleidenschaft. Na ja, eine Leidenschaft sollte jeder Mensch schließlich haben.«

Im Sammlerkreise wäre der folgende Vers angebracht:

Sammler ist fast jedermann.
Selbst in extremen Dingen
Versucht man sich, so gut man kann
Und hofft auf gut' Gelingen.

So sammelt mancher manches Ding,
Münzen, Marken, Bücher.
Man sucht den bunten Schmetterling
Und Damentaschentücher.

In diesem Fall sei auf der Hut!
Denn wenn beim Tuch die Damen

Noch dabei sind, geht's nicht gut,
Man fällt leicht aus dem Rahmen.
Man sammelt Perlen, Zinn und Gold,
Bargeld zwecks Besparung.
Gar mancher sammelt ungewollt
Erkenntnis und Erfahrung.
Das Versesammeln ist mein Sport,
Den ich mir ausgedacht.
Ich hoff', daß Euch so manches Wort
Ein bißchen Freude macht.

✻

Musikalischer Humor

Wo man singt, da laß dich ruhig nieder, böse Menschen haben keine Lieder!
In jedem heiteren Kreise wird gesungen, und es sind Musikliebende und Musiktreibende dabei. Demnach ist auch die Musik ein Thema, welches aufhorchen macht und Verständnis findet.
Für musikliebende Menschen ist zunächst ein feinerer Humor angebracht. Ihnen kann man folgende nette Verse ins Stammbuch schreiben und vortragen; ich habe sie einmal irgendwo gefunden und mir notiert. Alle nicht von mir gedichteten oder geschriebenen Vorträge gebe ich der Ordnung halber an, weil ich mich nicht gern mit fremden Federn schmücken möchte:

Wer *allegro* in Entschlüssen,
Moderato in Genüssen,
Und *piano* das Vergnügen liebt,
Aber *forte* seine Pflichten übt,
Spielt in schönster Harmonie
Seines Lebens Symphonie ...

✻

Nun eine andere Philosophie aus meiner Schülerzeit. Damals sammelte ich in der Schüler-Musikkapelle der Franckeschen Stiftungen in Halle meine ersten musikalischen Erfahrungen im Hinblick auf die Blasmusik. Aus jener Zeit stammt die Idee meines Gedichts.

Die dritte Trompete

In einem Orchester blies 'ne diskrete,
Schon lange erprobte dritte Trompete.
Auf ihrem Notenblatt stand nie
Auch nur die kleinste Melodie.
Nur Pausen auf dem Blatt sie sah
Und allenfalls ein Hmtata.
Eines Abends bekam sie den Größenwahn:
»Jetzt habe ich satt das Ge-hmtatan!«
Und blies ein schmetterndes Täterätä
In Straußens berühmter Salome.
Doch der Ton ging im Tongebrause unter,
Das ist ja bei Straußens Musik auch kein Wunder.
Drum rief sie mit resigniertem Blicke:
»Hier geht's nicht, na denn in 'nem anderen Stücke!«
Am nächsten Abend war »Lohengrin«.
Schon sah man den Schwan durch die Wogen zieh'n,
Verklungen waren die Worte des Chores,
Sanft erklang die Stimme des Heldentenores:
»Nun sei bedankt, mein lieber Schwan!«
Da begann die Trompete zu hm-tatan,
Dann blähte sie sich vor Stolz und krähte:
Täterätä – die verschmähte dritte Trompete.
Vor Lachen bissen die Lippen sich wund
Chor, Ortrud, Elsa und Telramund;
Voller Lachen blieb stecken der Lohengrin
Und ließ seinen Schwan ohne Lied abzieh'n.
Doch im Zuschauerraume das Publikum,
Das bog sich beinah vor Lachen krumm!
Nur die dritte Trompete meinte beklommen:
»Ich werde wohl hier nicht mal ernst genommen?«
Sie sah sich verlegen um und schwieg.
Da ertönte schon wieder Wagners Musik
Und man spielt' diesmal ohne das Hmtatan:
»Nun sei bedankt mein lieber Schwan.«
Die Trompete hört' zu mit geteilten Gefühlen,
Erregt noch klappernd mit ihren Ventilen.

Sie hatte grad vierzig Takte Pause.
Drum schimpfte sie auf die Welt, die banause.
Laut brummend meinte der Kontrabaß:
»Ja, Trompeteken, das kommt von das.«
Und ringsum sah man schadenfroh grienen
Die ersten und zweiten Violinen.
Doch spritzend wie eine giftige Kröte
Ließ ihr Wasser ab die gekränkte Trompete;
Und im ganzen Orchester nannte man sie
Von da ab: Ein verkrachtes Genie.

*

Noch ein kleiner besinnlicher Vers:

Klaviertasten

Stumm ein Klavier im Zimmer stand
Mit seinen blanken Tasten,
Drückt man sie nieder mit der Hand,
Dann tönt es drinn' im Kasten.
Wie einen Trost ich das empfand
Für uns in schweren Zeiten:
Drückt nieder uns des Schicksals Hand,
Erklingen inn're Saiten.

*

Nun aber gleich etwas Heiteres:

Musikalische Liebesgeschichte

Ich kam gerade von meinem Abend »Chopin«, hatte »Gluck-Gluck« gemacht und vollführte einen »Haydn«-Lärm! Da begegnete mir die »Lustige Witwe«. Erst wollte ich »Stolz« und »Brahms«ig vorbeigehen, doch als sie »so nahte«, fühlte ich einen »Schmalstich« im Herzen und »Die Macht des Schicksals«.
Wie ein »Buschkötter« »scharwenka-te« ich um sie herum, es entspann sich ein »Reger« Gedankenaustausch, bei dem ich viel »Blech« redete. Mit »Liszt« ergriff ich ihre »Linke« und sagte: »Du bist mein ›Fall‹. Unter meinem ›Celibi-Dache‹ steht noch ein ›Bettoffen‹ und ich decke dich mit dem Plu- ›Mo zart‹ zu«.

Sie hauchte: »Ich bin ›die Unvollendete‹, vollende mich.« Da machte ich nicht erst lange »Hindemit« und Herdamit, und sagte einfach: »Gema«. Danach wänglerten wir furt. Und das Ergebnis war ein – »Mendelsöhnchen«.

Der falsche Ton

Es war einmal ein Klaviervirtuos,
Der spielte grandios
Mit Gefühl und Muskelstärke
Klassische Werke.
Eines Tages hat er sich,
Als Folge von einem Tatterich,
Vergriffen, da hat sofort
Ein gräßlicher Mißakkord
In die klassischen Harmonien
Hineingeschrien,
Denn statt »A« griff er »As«,
Und so furchtbar klang das
Den richtigen Akkorden,
Daß sie den Ton wollten morden,
Und sie sagten ihm,
Er wäre illegitim,
Und jagten davon
den falschen Ton.

Doch das arme falsche »As«
Dachte: Wie traurig ist das!
Ich bin zwar nur durch einen Fehlgriff entstanden,
Doch hab' ich genau wie die legitimen Verwandten
Das Recht, zu klingen und im Äther zu schwingen.
Und unter disharmonischem Fluchen
Begann er ein Unterkommen zu suchen,
Und er fand
Ein Schild, worauf »Klavierlehrer« stand.
Durch das Schlüsselloch kroch er hinein in das Zimmer.
Da hörte er ein schrilles Gewimmer
Von Milliarden von falschen Tönen,
Die meinten unter Höhnen,
Hier wäre leider alles besetzt,
Und haben ihn an die Luft gesetzt.

Drauf ging der Ton mit beleidigter Miene
Zur Bühne.
Einer Sängerin, die g'rade gesungen,
Ist er schnell in die Kehle gesprungen,
Und dacht' sich mit Gekicher:
Hier biste sicher.
Die Sängerin wollte das hohe »C«
Grad singen, doch o weh,
Was war das? Das falsche »As«.
Der Direktor war empört,
Als er das gehört,
Und zerriß den Kontrakt.
Da hat die Sängerin die Wut gepackt,
Sie hat rohe Eier geschluckt,
Gegurgelt und dabei ausgespuckt
Den falschen Ton im hohen Bogen.
Und er ist an einen Eckstein geflogen.

Dort fand ihn zur selbigen Stund'
So'n großer Hund.
Der wollte sein inneres Wesen ergründen
Und beschnupperte ihn von vorn und von hinten,
Doch der falsche Ton nicht faul
Sprang dem Hund ins Maul
Und die Hundetöle
Mit dem falschen Ton in der Kehle
Hat geheult, gewinselt und geschrien,
Wenn sie hörte Melodien.
Und von den Menschen sprach ein jeder:
Ist das ein niederträcht'ger Köter.
Und weil der Hund soviel Ärger gestiftet,
Hat man ihn umgehend vergiftet.
Es ist der Hundefänger gekommen,
Hat ihn ausgenommen,
Wie man's macht mit so rätselhaften Hunden.
Und er hat dabei den Ton gefunden.
Er wickelte ihn in Zeitungspapier
Und warf ihn vor die Tür.

44

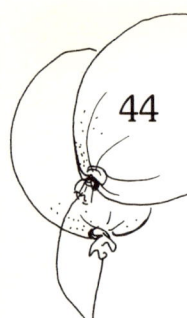

Doch der falsche Ton vor Langeweile
Las durch die Zeitung Zeile für Zeile
Und er las
Das fasche »As«:
Eine neue Symphonie wäre komponiert
Und die würde heut' abend uraufgeführt.
Na, da hat den Ton die Neugier gepackt
Und er eilte hin im Dreivierteltakt.
Er fand zur Stelle
Die gesamte Kapelle.
Man wartete auf den Dirigenten nur.

Da lag auf dem Pult die Partitur
In sie schlüpft' er hinein mit Schnelligkeit
Und macht sich auf einer Seite recht breit.
Der Komponist dirigierte die Symphonie;
So schön klappte es in den Proben nie.
Doch da, was war das?
Ganz kläglich erklang da das falsche »As«.
Vor Entsetzen
Mußte der Dirigent sich setzen.
Doch das Publikum und die Rezensenten
Klatschten begeistert mit den Händen
Und riefen voll Inbrunst:
»Das ist die wahre Kunst!«
Einfach göttlich fanden sie das
Disharmonische »As«.
Und der Komponist ist berühmt geworden,
Bekam in den Ländern die höchsten Orden,
Und alles Volk rief: Salve und Sieg
Dem Schöpfer der atonalen Musik!«
Der gefeierte Komponist leerte still sein Glas
auf das Wohl von dem falschen Ton, dem Aas!

✱

Eine Huldigung für die Frauen kann man mit einer kleinen musikalischen Satire verbinden:

Der Dirigent

Es steckt ein Kind in jedem Mann,
Der vorher etwas trinkt und dann,
Wenn Hemmungen sind weggespült,
Den Drang zum Dirigieren fühlt.
Sofern er sich das leisten kann,
Geht er zur Hauskapelle dann
Und stellt sich vor dort als der Mann,
Der erstens will und zweitens kann.
Bald steht er auf dem Podium
Und fuchtelt mit den Armen 'rum.
Und fühlt dabei den Hochgenuß,
Daß die Musik ihm folgen muß.
Die fügt sich dem Gebot der Stunde,
Das kostet später eine Runde.
Man freut sich über solche Fälle,
Denn die Kapelle trinkt gern Helle.
Was denkt der Philosoph dabei?
Das Leben ist oft Spielerei;
Einer ist eitel, and're schlau.
So geh's auch oft bei Mann und Frau.
Sie gönnt ihm gern den Ruhm des Führens,
Die Pose stolzen Dirigierens.
Und er merkt nicht durch ihre List,
Wie sehr sie tonangebend ist
Und praktisch lenkt den Ehepakt
Durch Harmonie und Herzenstakt.

✽

Auch die Konservenmusik sei nicht vergessen:

Der Plattenspieler

Du hörst eine herrliche Symphonie,
Vom Orchester gespielt, die Melodie
Tönt ganz leise mit, geheimnisvoll,
Halb jauchzend in Dur und halb klagend in Moll.
Da regen sich Wünsche, die längst in dir schliefen,
Du willst in die Symphonie dich vertiefen.

Zur näheren Kenntnis der Töne, der vielen
Gehst du hin und kaufst zum Plattenspielen
Dir die Platte, da hast du das Stück insgesamt
Wie der Jüngling die Braut auf dem Standesamt.
Und dann hörst du hin, bei dem einen Lauf
Fällt dir der oder jener Mangel auf
Und du merkst bald, du hast dir zuviel versprochen,
Wie der Mann bei der Frau in den Flitterwochen.
Doch dann reift bei dir plötzlich eine Erkenntnis:
Vielleicht liegt's nur an mangelndem Verständnis.
Doch indem du's immer wieder probierst,
Merkst du bald, daß du's immer wen'ger kapierst
Und du tauschst schließlich, weil dir die Sache zu dumm,
Schnell die Platte gegen 'ne andere um,
Spielst 'nen flotten Gassenhauer indessen,
Hast du bald die alte Platte vergessen.
So machst du's. Doch ein armer, enttäuschter Gatte,
Der spielt immer wieder die eine Platte,
Und der Stift der Zeit kratzt noch obendrein
Lauter Fehler und Risse und Runzeln hinein.
Schließlich läßt er die alte Platte liegen,
Er sucht sich jetzt anderweit'ges Vergnügen,
Und bei der charmanten Nachbarin
Lauscht er den schönsten Melodien.
Die Menschen nennen das unmoralisch.
Ich finde, der Mann ist nur – musikalisch.
Er sorgt für Befriedigung seines Gehörs
Im Zeichen modernen Fremdenverkehrs.
Kommt er wieder nach Haus, macht die Gattin Skandal.
Spielt das Grammophon nicht bald wieder mal?
Und da hört dann der arme, enttäuschte Mann
Sich zum tausendsten Male die Platte an,
So mit schiefem Kopf hört er zu, gar nicht gern,
Wie der Hund auf die Stimme von seinem Herrn.
Langsam tönt jetzt die Platte fast wie ein Choral,
Halb wie »Polnische Wirtschaft« und »'S war einmal«.
Das hört er sich an mit verbissener Wut,
Und das nennt man nachher: »Sie verstehen sich gut«.

Fremdwörter

Ein besonderes Kapitel des Humors ist auch die falsche Anwendung von Fremdwörtern:

Das falsche Fremdwort

Ein Fremdwort ist vielen ein fremdes Wort.
Meist wendet man's an am verkehrten Ort.
Aber Fremdwörter sollen nicht Glückssache sein,
Darum prägt man am besten sich folgendes ein:
Wußten Sie schon,
Daß ein Autodidakt kein Fahrlehrer ist?
Wer nach Fusel riecht, ist kein Spiritist.
Eine Tänzerin macht Spagat, nicht Spinat.
Absolut ist was andres als Obstsalat.
Ein verrückter Zahnarzt ist kein Irredentist,
Und wer Erbssuppe ißt, wird kein Publizist.
Sag auch nicht Päderast, Orthopäde heißt das.
Analog ist was andres als Ananas.
Sag auch nicht Konkabine, das heißt Konkubine,
Es heißt Glasvitrine, und nicht Glaslatrine.
Zwar man schreibt Mannequin doch man spricht Mannekäng,
Dafür heißt's Aspirin und nicht Aspiräng.
Falsch doch ist Beton, denn da heißt es Betong,
Aber sag nicht statt Saxophon – Saxophong.
Die Kantine, das ist nicht die Witwe von Kant.
Sag nicht impotent, wenn du meinst imposant.
Imposant bedeutet nicht: Sand im Po.
Ein Schismatiker hat nichts zu tun mit dem Clo.
Bei Genickschmerzen geh nicht zum Gynäkologen,
Hämorrhoiden behandeln nicht Archäologen.
Beim Boxkampf sagt man k.o., nicht o.k.,
Goethe nennt man Olympier, nicht Olympié.
Goethe war Humanist, aber nicht Humorist,
Und er sagt uns auch hier, was zu sagen ist:
»Es ist so schwer, das rechte Wort zu wählen,
Meist sind sie glatt wie Eis und man bricht ein,
Denn immer, wo Gedanken fehlen,
Stellt sich zur rechten Zeit das falsche Fremdwort ein.«

Zoo-Logisches

Die Tierliebe ist ebenfalls ein gemeinsames Band, das viele Menschen geistig umschließt. Es lassen sich hier leicht Vergleiche mit dem Menschen finden. Zuerst mal etwas von den Haustieren.

Der Hahn Maximilian

Es lebte mal ein alter Hahn,
Der Hahn hieß Maximilian,
Und als er alt und mürbe,
Wollt man ihn schlachten, daß er nicht
An Altersschwäche stürbe.
Das brachte niemand übers Herz,
Da er beliebt war allerwärts.
Man pflegt' ihn bis zum Tode und
Begrub ihn in Papier, drauf stund:
»Eßt Fische und ihr bleibt gesund!«

✻

Es folgt die Philosophie eines Legehuhns:

Das Huhn

Es sprach einmal ein kluges Huhn:
»Wie dumm ist oft, was Menschen tun!
So preisen sie die Nützlichkeit
Der Kopfarbeit und Handarbeit.
Dabei vergessen sie den Segen
Der Eier, die wir Hühner legen.
Nicht mit dem Kopf, nicht mit der Hand,
Womit, ist allgemein bekannt.
Jedoch der Mensch verschweigt das, weil
Er mit dem eignen Hinterteil
Nichts schafft, wenn er auch noch so drängt,
Was mit Kultur zusammenhängt.«
Das Huhn hob stolz und himmelwärts
Den menschlich unterdrückten Sterz
Und gackerte: »Das sind so Sachen,
Worüber selbst wir Hühner lachen.«

Mensch und Tiere

Tiere können sehr gut ohne Menschen leben.
Aber Menschen nicht ohne Tiere, das will ich ihnen beweisen:
Zum Beispiel ein Junge.
Erst bringt ihn der *Storch,* er brüllt wie ein *Löwe* und benimmt sich wie ein kleines *Ferkel!* In der Schule muß er *ochsen* und *büffeln* und der Lehrer sagt: *Du Faultier!*
In den Flegeljahren ist er störrisch wie ein *Esel,* hungrig wie ein *Wolf* und in der Tanzstunde graziös wie ein *Trampeltier.*
Beim Militär werden ihm die *Hammelbeine* langgezogen und der Feldwebel bringt ihm alle *Tiernamen* bei.
Wenn er sich dann *gemausert* hat, ist er verliebt wie ein *Kater,* flatterhaft wie ein *Schmetterling* und scharf wie ein *Dobermann.* Allmählich wird er fett wie ein *Hamster* und entwickelt sich zu einem *Spießer.* Auf der Brust ist er haarig wie ein *Affe* und im Gesicht unrasiert wie ein *Stachelschwein.* Wenn er dann noch balzen will, wie ein *Auerhahn,* sagen die Leute: »Der *alte Bock* hat's nötig!«
Anders ist es bei einem Mädchen. Es entwickelt sich zu einem *Backfisch* mit einer *Hühnerbrust* und einem *Pferdeschwanz.* Sie ist schlank wie eine *Gazelle,* fleißig wie eine *Biene,* scheu wie ein *Reh,* sanft wie ein *Lamm* und kalt wie eine *Hundeschnauze.*
Später schnäbelt sie wie ein *Täubchen,* schnurrt wie ein *Kätzchen* und hat Angst vorm *Storch.* Es gibt auch welche, die sind eitel wie ein *Pfau,* albern wie eine *Gans,* passen auf wie ein *Luchs,* sind giftig wie eine *Natter* und wenn sie dann noch reden wie ein *Papagei,* meckern wie eine *Ziege* und *spinnen...*
Dann ist der Mann platt wie eine *Flunder* und sagt: »Ich altes *Kamel!*«
Anschließend daran kann man zu den Damen sagen: »Aber Sie, meine verehrten Damen, brauchen sich nicht getroffen zu fühlen. Zu Ihnen sagt man höchstens: Mein Häschen! Mein Mauseschwänzchen, mein Pintscherchen, meine goldige Salatschnecke... und... und... in dem Sinne: Auf das Wohl unserer Damen!«

✽

Gezähmte Tiere

Man kann die Tiere zähmen,
Wie'n Mensch sich zu benehmen.

Sie turnen, klettern auf dem Rad,
Sie balancieren auf dem Draht,
Vom Raubtier merkt man keine Spur,
Das ist das Wunder der Dressur.
Den Menschen aber holt der Staat,
Daß er dressiert wird als Soldat.
Rekruten, sonst von Haus nicht wild,
Sind schnell zu Bestien umgedrillt.
Hat man genügend Militär,
Fällt einer übern andern her.
Wie wär es mal, man macht' es so:
Wer Kriege will, kommt in den Zoo.
Dann braucht die Welt nicht zu erzittern;
Die sitzen hinter festen Gittern.
Wenn in dem Zoo ich Wärter bin,
Ich passe auf: Die bleiben drin!

✻

Der Elefant

Ein jeder weiß, der Elefant
Ist als ein kluges Tier bekannt.
Wohin er seinen Rüssel steckt,
Versucht er erst, ob ihm das schmeckt.
Er könnte, stellte man ihn ein,
Finanzamts-Steuerprüfer sein,
Dann steckte er, das wär' nicht fein,
In jeden Dreck den Rüssel 'rein.
Doch meinem klugen Elefant
Ist ein Finanzamt unbekannt.
Was man ihm zusteckt, nimmt er mit
Und wandelt mit gemeß'nem Schritt,
Wie Grafen bei Courths-Mahler;
Er wirkt noch kolossaler.
Er buhlt nicht um der Menge Gunst,
Dickfelligkeit ist auch 'ne Kunst,
Nur so kann man auf Erden
Ein großes Tier noch werden.
Besonders in der Politik
Braucht man ein Fell noch mal so dick.

Zwei Fliegen

Zwei Fliegen unterhielten sich.
Die eine sprach: »Du mußt wie ich
Nicht kriechen, sondern fliegen.«
»Mir macht es mehr Vergnügen«,
So sprach die andre, »wenn ich krauche,
Ich hab doch alles, was ich brauche.«
Die erste sprach wieder: »Und willst du nicht
Entgegenfliegen dem strahlenden Licht
Von jener Kerze, siehst du dort,
Das hin und her flackert immerfort?«
Die andre Fliege entgegnete dann:
»Wenn du Lust hast, sieh dir's alleine an!«
Die erste tat's, flog entgegen dem Schein
Und flog in die brennende Flamme hinein.
Ein Zischen, das Licht flammte auf gelbrot,
Eine dunkle Masse, die Fliege war tot.
Die andere sah es mit höhnischem Lachen,
Und meinte: »Ja, sowas darf man nicht machen,
Mir könnte das niemals passieren, i wo!«
Und rieb sich die Flügel schadenfroh.
Und ob ihrer Klugheit froh und heiter
Kroch sie ruhig auf allen Sechsen weiter.
Doch sie merkte nicht, wie sie philosophierte,
Daß sie kroch auf eine mit Leim beschmierte,
Mit recht so beliebte, ob ihrer Güte
Und Wirkung bekannte Fliegentüte.
Und wie sie erst mal war dran festgeklebt,
Da hat sie auch nicht mehr lange gelebt.
Und die Moral von der Geschicht':
O Mensch, dräng' nicht zum grellen Licht!
Doch mußt du dich besonders hüten
Vor frischgeleimten Fliegentüten.

✻

Botanisches

Für Garten- und Blumenfreunde muß man auch etwas in Bereitschaft haben. Wie viele Menschen fühlen sich angesprochen, wenn man auf ihre Liebhaberei eingeht.

Pilztragödie

Ein grüner Täubling ist, während es regnet,
Einem kessen »Gedrungenen Wulstling« begegnet
Und stellt mit 'nem »Fingerhut« von Humor
Teils als »Schirmpilz« und teils als »Glückspilz« sich vor.
Er lüftet den »Krempling« graziös und fein
Und lud sie in eine Pils-Stube ein.
Sein »Hahnenkamm« schwoll: Kleine »Reizkerin« du,
Mein Herz strebt wie'n Pilz aus dem Boden dir zu.
So mollig wie'n »Bauchpilz« ist deine Figur.
Doch sie dachte: Der »Schwamm« ist zum Auspressen nur.
Sie betrog mit 'nem »Edelsteinpilz« ihn dann
Und fing mit 'nem echten »Perlpilz« was an,
Als sie noch mit dem »Butterpilz« angebandelt,
War der »Grünling« zum »Gallenröhrling« verwandelt,
Wie ein »Speiteufel« spuckt er sie an ungehemmt:
Du »Satanspilz« du, du morcheltest fremd.
Doch wie er sie ansah, wurde ihm klar,
Daß sie 'n wurmstichiger alter »Kuhpilz« nur war.
Und was uns diese Geschichte lehrt:
Eine »Stinkmorchel« ist keinen »Pfifferling« wert.

✽

Die Tomate

Wer Tomaten zieht voll Liebe,
Merkt bald ihre Nebentriebe,
Wer drum weiß von ihren Taten,
Spricht von treulosen Tomaten.
Doch kann man sie nicht verdorben nennen,
Weil die über sowas noch – rot werden können.

Der Gartenzwerg

Wie neckisch dort im Gartenbeet
Die Zwergfigur im Grünen steht,
Wodurch Natur durch bunten Gips
Verbunden wird mit Menschengrips.
Ein aufrecht ragendes Symbol,
Das, wie so viele, innen hohl.

✽

Humor aus der Kinderwelt

Es würde zu weit führen, wenn ich alle die vielen, reizenden Kinderwitze hier aufschreiben wollte. Eine kleine harmlose Geschichte in Versen, die nie ihre Wirkung verfehlen wird:

Der grüne Rauch

Ein kleines Mädchen zeichnet ein Haus
Und malt es mit bunten Stiften schon aus,
Das Dach ziegelrot, den Schornstein auch,
Aus dem Schornstein kräuselt empor grüner Rauch.
»Aber Kind«, sprach der Vater, »das stimmt nicht genau,
Rauch ist doch nicht grün, der ist grau oder blau!«
Worauf überlegen die Kleine spricht:
»Ihr Männer versteht das natürlich nicht,
Die kochen doch in dem Hause grad
Spinaaat!«

✽

Oder die Geschichte vom Teddybär, die aber, wie auch das folgende Gedicht, nur für Erwachsene verständlich ist:

Teddybären

Als Spielzeug können Teddybären
Die Mädchen böse Dinge lehren.
Sobald sie einen Mann gefunden,
Wird ihm ein Bär gleich aufgebunden.

Auch Brummen kann der Teddybär,
Sein Bärenfell ist weich und schwer.
So wird ein Kind durch Spielzeug schlau.
Und später dann als Ehefrau
Will einen Pelz sie von dem Gatten,
Wie ihn die Teddybären hatten.
Kriegt sie ihn nicht, dann brummt die Kleine
Und setzt sich auf die Hinterbeine.
So ziehen Kinder ihre Lehren
Aus ihrem Spiel mit Teddybären.

✻

Ein kleines Mädchen und ein kleiner Knabe,
Die spielen Pferdchen, Hottehüh genannt.
So eilen sie dahin im schnellsten Trabe,
Der Knabe hielt die Zügel an der Hand.
Das Mädchen schien die Zügel nicht zu spüren,
Sie zog den Knaben hin, wie ihr's gefiel,
Er aber glaubt', das Mädchen zu regieren:
Es liegt ein tiefer Sinn im kind'schen Spiel.

Auf einer Bank, die sie gemacht zum Throne,
Da sitzt ein Knabe und ein Mädchen klein,
Er hat aufs Haupt gesetzt ihr eine Krone,
Es soll von nun an seine Kön'gin sein.
Da spielt ein Spielmann plötzlich muntre Lieder,
Die Kön'gin springt vom Thron, die Krone fiel;
Sie läuft dem Spielmann nach und kam nicht wieder.
Es liegt ein tiefer Sinn im kind'schen Spiel.

Der kleine Bruder nahm der Schwester Puppe,
Hielt mit der Hand sie prüfend vor sich hin,
Ob sie kaputt geht, dacht er, ist mir schnuppe,
Ich muß mal sehn, was innen bei ihr drin.
»Die ist ja hohl«, rief er im ersten Schrecke,
»Die hat kein Herz und hat auch kein Gefühl!«
Er wirft das Puppchen wütend in die Ecke.
Es liegt ein tiefer Sinn im kind'schen Spiel.

Der kleine Hans und Gretchen, 's war zum Lachen,
Die wollten sich wie große Leute frei'n,

Des Nachbars Ernst, der sollt' den Pfarrer machen
Und früh um zehn, da sollt' die Trauung sein.
Doch als nicht kam der Pastor Ernst, der kleine,
Sprach Hans: »'S wär' schade um das schöne Spiel;
Wenn der nicht kommt, dann fang'n wir an alleine.«
Es liegt ein tiefer Sinn im kind'schen Spiel.

*

Vom Küssen

In geselliger Runde sollte auch das Thema »Küssen« nicht unerwähnt bleiben, zumal hier fast jeder glaubt, als Fachmann mitreden zu können. Wird beispielsweise eine Künstlerin nach ihrem Auftritt mit einem Handkuß verabschiedet, so bietet sich die Gelegenheit, einige Worte über den Kuß oder das Küssen anzuknüpfen. Es kann auf die vielen Möglichkeiten hingewiesen werden, die zu einem Kuß führen. Man kann auch versuchen, seine Bedeutung im einzelnen zu erklären.

Der Kuß

Es würde fast nach Selbstlob klingen,
Versuchte ich, von tausend Dingen,
Mit denen wir zu allen Zeiten
Den Frauen Glück und Freud bereiten,

Hier gar viele aufzuzählen.
D'rum will ich nur ein Kleinod wählen,
Das in der Damenwelt begehrt ist,
Weil es noch mehr als Goldes wert ist,

Und weil es eben nur ein Mann
So perfekt verschenken kann,
Der Weiblichkeit zum Hochgenuß:
Und damit meine ich den Kuß.

Perlen, Pelze, Edelstein
Können niemals Ausgleich sein
Für Euer höchstes Glück auf Erden:
Einmal von uns geküßt zu werden.

Es gibt die zarten, weichen, milden,
Die hemmungslosen und die wilden,
Die ausgedehnten voller Rassen,
Die angenippten und die nassen,

Den Nasen- und den Bruderkuß,
Vor dem man manchmal flüchten muß.

Den Wangenflitzer, der gewitzelt
An vielen Stellen knallt und kitzelt,

Den Lutscher und den Dauerbrenner,
Den Freundschaftskuß, den Ehemänner
Souverän und ohne Eile
Am eignen Herd so gern' verteile,

Wenn zu Neujahr einmal prompt
Die eigne Gattin ihn bekommt.
D'rum sage ich es unbeschwert:
Ein Kuß von uns ist Goldes wert.

✣

Der Handkuß

Den Handkuß auf charmante Weise
Bevorzugt man im noblen Kreise.
Beim Camping hat er sich bis jetzt
Noch nicht so richtig durchgesetzt.

Man gibt den Handkuß sehr galant
Normalerweise auf die Hand,
Doch landet er in manchen Fällen
Auch ungewollt an andren Stellen.

Hier kann's passiern, daß es schon bald
Kräftig knallt, bevor es knallt,
Denn so ein Kuß, das leuchtet ein,
Kann süß und doch geschmacklos sein.

D'rum sollte stets, trotz kleiner Sünden,
Der Handkuß auch das Händchen finden,
Führt dieses ihn dann zu den Lippen,
Darfst du getrost auch dort mal nippen.

WIE MACHE ICH EIN FESTGEDICHT?

Ein Festgedicht wird immer Stimmung in die Gesellschaft bringen, die es zu unterhalten gilt. Der Angedichtete freut sich darüber mehr und länger als über eine Blumenspende, die bald verwelkt und vergessen ist. Je mehr nun diese Verse auf den Angedichteten oder seine Familie oder auf Vereinsmitglieder eingehen, desto nachhaltiger ist ihre Wirkung. Werner Finck sagte einmal bezeichnend: »Je mehr es sich bezieht, desto mehr heitert es sich auf!«

Nun zum Rezept: Man nehme...

Zuerst den Namen.
Ich greife nur ein Beispiel heraus: Nennen wir etwa das Geburtstagskind Lehmann. Er ist in einem Verein einer der treuesten, der die alte Tradition aufrechterhält. Also dichtet man, indem man alle möglichen Reime auf Lehmann in einem Reimlexikon oder durch Aufzählen des Alphabets sich sucht:

»Alter Traditionen Sämann,
Dem Verein treu wie ein Eh'mann,
Der nie weich wird wie ein Schneemann,
Unser bester Renommeemann,
Im Charakter Aufrechtstehmann,
Kurz: ein richtiger O-k-mann,
Das ist unser Freund Carl Lehmann!«

Oder eine Frau Hoffmann, geborene Schwarz, feiert ihren 50. Geburtstag; in diesem Fall wird man »Hoffmann« und »Schwarz« etwa so verwenden können:

»Wie doch die Zeit vergeht, so fragt man verwundert.
Heut bist du am Leben ein halbes Jahrhundert,
Wo Du jetzt in die zweite Hälfte kannst geh'n,
Anna, ›Hoff man!‹, da brauchste nicht ›Schwarz‹ zu seh'n!«

*

Und der Gatte dieses Geburtstagskindes heiße »Willi«. Daran kann man anknüpfen und fortfahren:

»Bei euch hängt der Haussegen niemals schräg,
Wo ein ›Willi‹ ist, da ist auch ein Weg!«

*

Überhaupt die Vornamen lassen sich leicht reimen. Zur Not kann man bei weiblichen Wesen ein »lein« anhängen, wie z. B. Elselein, Gerdalein usw., dann ist ein Reim schnell gefunden.

Noch ein Beispiel auf einen Vereinsvorstand, der mit viel Witz und Humor begabt ist, wie es Vereinsvorstände meist sein sollten. Er heißt Fritz mit Vornamen.

»Du bist nun mal, mein lieber Fritze,
Die höchste Spitze und die Stütze
In unsrem Bund. Auf deinem Sitze
Vertilgst du manchen Bieres Pfütze.
Du sprichst, dank deines Kopfes Grütze,
Manch Wort verschönt durch Geistesblitze,
Selbst in der allergrößten Hitze
Entströmen deines Mundes Ritze
Teils ernste Reden, teils auch Witze,
Voll Geist, als wär'n von Demokrit se.
Es spritzt aus deines Geistes Zitze
Heraus wie aus der Feuerspritze
Gedankengut mit feiner Spitze
Und dringt in unsre Geistesritze,
Auf daß es unsrem Bregen nütze!
Die Worte unsres lieben Fritze
Verbinden uns, als wär'n aus Kitt se.
Doch kommt der Fritze mal in Hitze,
Haut er dem Gegner auf die Mütze,
Dann rein'gen sie als wären Flit se.
Heut' zum Geburtstag, lieber Fritze,
Wünsch' ich, daß Gott dich stets beschütze,
Und wenn Du Sorgen hast, dann schütt' se
In des Vergessens große Pfütze!
In diesem Sinn, mein lieber Fritze,
Grüßt von des Pegasusses Sitze,
Auf dem ich versemachend schwitze,
Dein . . . .«

*

Besonderheiten

Selbst bei seltenen Namen kann man versuchen, Reime zu finden. Anläßlich des 50jährigen Bestehens einer Firma, deren Inhaber Schmotter heißt, gefiel folgende Reimerei:

Wie zum Herrenpelz der Otter,
Wie zum Kraal der Hottentotter,
Wie zum Mottenweib der Motter,
Zum Orchester ein Fagotter,
Zum Alteisen ein Verschrotter,
Wie ein Paß zum Globetrotter,
Wie zum Straßenbau der Schotter,
Wie zur Arbeit ein Roboter.
Wie zum Ei gehört der Dotter,
Paßt zu seinem Werk Herr Schmotter.

*

Dieses wieder nur als Muster für die Art, auch mal nach »Reim dich oder ich fresse dich« zu verfahren, was dann erlaubt ist, wenn damit planmäßig ein humoristischer Erfolg erzielt werden soll.

Heißt jemand Benno, so kann man dichten:

»Was für Japaner ist der Tenno
Ist für die Lebenskunst der Benno.«

oder bei »Inge«:

Alle sind wir guter Dinge,
Denn es feiert unsre Inge
Heute ihr Geburtstagsfest;
Freudig stellen wir das fest.

Oder ein Mann hat Geburtstag, dessen Gattin Auguste heißt:

»Was bei dem Braten ist die Kruste,
Ist ihm im Leben die Auguste.«

*

Das Eigenartige ist, daß uns das Suchen und Finden eines Reimes, der noch so ausgefallen scheint, ganz neue Ideen bringt. Goethe schrieb: »Nicht ich mache Gedichte, die Gedichte machen mich!«

Eine Tante Paula sollte bedichtet werden, welche in der Unterhaltung alle Register zu ziehen versteht uns sehr lebhaft spricht. Durch den Reim Paula – Aula kam ich dann auf folgende Reimerei:

»Wie die Orgel in der Aula
Klingt die Stimme unsrer Paula,
Manchmal sanft nach Engelweise,
Manchmal brummend, manchmal leise.
Stöhnt sie laut wie'n Blasebalg,
Bröckelt von der Wand der Kalk.
Wird die Tante Paula hitzig,
Klingt's wie Klarinetten spitzig.
Doch am schönsten klingt ihr Lachen,
Daß des Hauses Wände krachen,
Und daß sich zum Spaßvergnügen
Teils Korsett, teils Balken biegen.
Kurz, es sprach sich schon herum:
Paula ist ein Unikum.«

✻

Nach dem Namen kommen zum Gedicht noch nähere Angaben in Frage, wie z. B. über Liebhabereien, Schwächen, sehr starke oder magere Figur, Essen, Rauchen, Trinken im Übermaß, Mitgliedschaft bei Vereinen, Sammelleidenschaft, Liebe zur Natur, Gärtnerei oder andere Besonderheiten. Wichtig sind auch stereotype Redensarten, die dem Betreffenden eigen sind, oder Angewohnheiten und Schnurren. Die Familienverhältnisse braucht man in besonderen Fällen ebenfalls, Kinder, Enkel, Bräutigam, Tanten usw. Möglichst nimmt man heitere Erlebnisse und holt auch hier Eigenheiten hervor. Zu beachten sind auch Kindererlebnisse, die sich in der Familie herumgesprochen haben, bekannte drollige Ereignisse, Erwähnung der Brautzeit, in der der Betreffende entweder frech oder schüchtern gewesen ist. Wenn es sich um Verheiratete handelt, ist hin und wieder der Umstand von Belang, wie und wo man sich kennengelernt hat. Es wird auch die Tüchtigkeit im Beruf oder Haushalt zu erwähnen sein, die Fürsorge für die Kinder, oder auch die Tatsache, daß der Ehemann gern zum Stammtisch geht und spät nach Hause kommt. Bei einem Mann ist nicht nur der Beruf, sondern auch sein Steckenpferd von Bedeutung. Wenn man dann noch Fachausdrücke aus diesen Gebieten einflechten kann, wird die Wirkung bedeutend gesteigert. Ich nehme als Beispiel einmal die goldene Hochzeit eines Glasermeister-Ehepaares:

»Ein Sprichwort, das uns sagt etwas,
Heißt: ›Glück und Glas, wie leicht bricht das!‹
Doch Glasermeister, die versteh'n,
Mit Glas und Glück gut umzugeh'n.
Wenn unser Brautpaar wir betrachten,
Die heute goldene Hochzeit machten,
Dann merkt man, daß hier offenbar
Der Ehe-Kitt vorzüglich war.«

✳

Ein Geburtstagskind, dessen Steckenpferd seine Segeljacht ist, wird man erfreuen, wenn darauf in seinem Gedicht eingegangen wird. Ein Beispiel: Da er »Heini« heißt, liegt auch hier, wie oben behandelt, der Wunsch nah, mit dem Wortklang zu spielen:

Heini im Geburtstagsglanz,
Heini soit qui mal y pense,
Ist zu Wasser und zu Land
Als ein gold'ger Kerl bekannt.
Scheint die Sonne voller Pracht,
Sitzt er auf der Segeljacht,
Dort als flotten Kapitän
Lernt man ihn erst ganz verstehn.
Da erhebt sich das Format
Unsres Freundes zum Quadrat,
Und er liefert den Beweis,
Wie man mit Genie und Fleiß
Sich als weltgewandter Mann
Über Wasser halten kann.
Trotz des Lebens Felsenriffen
Mutig in die Ferne schiffen,
Wer die Kunst verstehen kann,
Kommt mit Volldampf gut voran.
Wenn uns auch die Zeiten neppten,
Machen wir's wie unser Käpt'n,
Der das Steuer fest umspannt
Und sein Lebensziel erkannt,
Dessen Kompaßnadel stur
Zeigt auf Lebensfreude nur.

Wenn Du heut' Geburtstag hast,
Fort mit Sorgen und Ballast.
Und wie wird die Stimmung sein?
Sicher heut': Windstärke neun!«

✻

Der Rhythmus

Es ist vielleicht möglich, daß bei Freunden unserer Leser sich diese Verse teilweise anwenden lassen, aber sie sollen nur ein sogenannter »Schimmel« sein.
Als »Schimmel« bezeichnet man Verse, bei denen es nicht auf den genauen Inhalt, sondern auf die Form ankommt. Sie stellen eine Anleitung dar, wie man ein Festgedicht aufbauen und wie man die Worte hin und her dreh'n und deuten kann, um Pointen humoristischer Art hineinzubekommen.
Auch wenn es auf den dichterischen *Rhythmus* ankommt, pflegt man sich einen »Schimmel« vor Augen zu halten. Um zu flüssigen und klingenden Versen zu kommen, sollte man sich mit den sogenannten Versfüßen befassen, andernfalls statt eines Gedichts nur gereimte Prosa herauskommt.
Nehmen wir wieder ein Beispiel:

»Es ging ein Mann aus Syrerland,
Führt ein Kamel am Halfterband.«

Greifen wir zu einem Bleistift und notieren uns die kurzen und die langen Silben dieser beiden Zeilen.

⏑ ⏟ ⏑ ⏟ ⏑ ⏟ ⏑ ⏟   Es ging ein Mann aus Syrerland,
⏑ ⏟ ⏑ ⏟ ⏑ ⏟ ⏑ ⏟   Führt ein Kamel am Halfterband.

Wir sehen, daß der Rhythmus, durch Senkungen und Hebungen dargestellt, in beiden Zeilen die gleiche ist.
Freilich braucht man sich, namentlich bei einem Festgedicht, nicht sklavisch an diesen Rhythmus zu halten; selbst Goethe hat manche Zeile um eine Hebung bzw. Senkung verlängert oder verkürzt, ohne damit der Rhythmik des Verses allzu sehr Gewalt anzutun.
Als Beweis dafür zitiere ich aus dem Faust:

»Er nennt's Vernunft und braucht's allein,
Um tierischer als jedes Tier zu sein.«

Das Schema würde so aussehen:

⏑ _⏑ _⏑ _⏑ _
⏑ _⏑ _⏑ _⏑ _⏑ _

Es würde zu weit führen, im Rahmen der Gelegenheitsdichtung alle Versmaße vom seligen Ovid oder den Hexametern Homers bis auf die modernste Verskunst durchzugehen. Man soll aber möglichst zwei aufeinander folgende Zeilen im gleichen Versmaß schreiben und auf diese Weise ein sog. Verspaar bilden. Auch beim Karnevalsschlager merken wir, daß die Gesetze des Rhythmus befolgt werden; zum Beispiel:

Hätten wir lieber das Geld vergraben,
Das wir im Leben vertrunken haben,
Kinder, das gäb einen Haufen,
Kinder, was könnten wir saufen.

Schematisch würde sich das folgendermaßen darstellen:

_⏑⏑_⏑⏑_⏑_⏑
_⏑⏑_⏑⏑_⏑_⏑
_⏑⏑_⏑⏑_⏑
_⏑⏑_⏑⏑_⏑

Wer sich aber nicht mit dieser pedantisch scheinenden Methode beschäftigen will, bemühe sich wenigstens, die Verse vor sich hinzusprechen. Merkt er, daß der Versfuß holpert, wird er ein anderes Wort, das sich leichter dem Versmaß einfügt, suchen müssen.

✶

Der Reim

Grundsätzlich braucht man nicht allzu ängstlich darauf bedacht zu sein, nur völlig gleichlautende Vokale aufeinander zu stimmen. Goethe reimt Götter auf Blätter, reden auf Poeten, aufgeregt auf schlägt, Tönen auf Tränen, Bühnen auf Maschinen, Flüssen auf fortgerissen. Gerade bei einem Gelegenheitsgedicht, das fröhliche Stimmung auslösen soll, kann man nach dem Motto »Reim dich oder ich freß dich!« vorgehen. Man kann die Worte drollig verstümmeln oder andere Vokale einsetzen, zum Beispiel:

Es nahte der Gewittersturm,
Da nahm er seinen Regenschurm.

Oder man verdreht das Wort folgendermaßen in humoristischem Sinn:

Weil nie der Sternenhimmel log,
Besorgt er sich sein Hokuspok.

Je mehr an Wortspielereien und Bezüglichkeiten Sie sich einfallen lassen, desto eher erreichen Sie Ihr Ziel, rundherum Heiterkeit und Frohsinn zu erzeugen.

*

Psycho-Logisches

Bei jedem Gelegenheitsgedicht muß man sich vorher den Angedichteten oder den Kreis der »Betroffenen« vor Augen halten. Es gehört ein gewisses Fingerspitzengefühl dazu, Äußerungen zu meiden oder zu mildern, die peinlich, verletzend oder taktlos sind.

Bei einem Vorgesetzten oder einer würdigen Persönlichkeit soll keine allzu vertrauliche Plumpheit die Distanz zu verletzen suchen. Bei einem religiösen Menschen wird man zynische Bemerkungen im Hinblick auf seine Glaubenshaltung unterlassen.

Kleine Schwächen wird man mit harmlosem Scherz, der keine verletzenden Schärfen enthält, behandeln; denn »Niemand zu Leide, allen zur Freude!« soll stets das Motto sein. Bei Freunden der Literatur kann man geeignete Zitate aus bekannten Werken einstreuen. Eine Reihe solcher Zitate, die sich gelegentlich anwenden lassen, werde ich später aufführen. Beim Erreichen einer bestimmten Altersgrenze wird man auf die Jugendfrische des Betreffenden hinweisen, auf vollbrachte und noch zu erwartende Leistungen; außerdem auf seine Betätigung in irgendwelchen Vereinen oder bei Spiel und Sport, auf die Tüchtigkeit der Gattin, der Kinder und Enkelkinder.

*

Gedichte für alle Gelegenheiten

Zum 75. Geburtstag

Wenn man 75 wird,
Ist der Geist nicht mehr verwirrt,
Man rumort nicht mehr erregt,
Aber man bewegt, bewegt!
Jetzt stehst du auf höh'rer Warte,
Siehst dem Schicksal in die Karte,

Kennst den Lauf der Lebensgleise
Und bist weise, weise, weise!
Jeder weiß, ein richt'ger Mann
Fängt mit 75 an,
Wird vom Schein nicht mehr betrogen,
Gut und schlecht wird abgewogen,
Fliegt nicht mehr auf jeden Leim
Und bleibt öfter drum daheim.

✽

Oder beim 60. Geburtstag

Wenn ein Mensch kommt in die sechzig,
Fühlt er längst noch nicht geschwächt sich,
Denn man weiß, bei diesem Mann
Fängt die Lebenskunst erst an.
Mit dem Ausfall der Behaarung
Wächst statt dessen die Erfahrung,
Und man lernt das Weltgescheh'n
Philosophisch anzuseh'n.
Freu' Dich an des Lebens Buntheit
Und behalte die Gesundheit,
Daß du weiter lebst im Glücke
Wünscht zum heut'gen Tag dir – – Icke.

✽

60 Jahre

Liebes Geburtstagskind!

Vor gar nicht allzu langer Zeit
Da traf ich irgendwann
Im Kreise der Geselligkeit
Einen alten Mann.

Das Wort des Frohsinns war ihm fremd,
Er war nicht zu beneiden.
Denn wenn er sprach, sprach er gehemmt
Von seinen vielen Leiden.

Gebeugt an Geist und in Gestalt
Schlich er von Tag zu Tage.

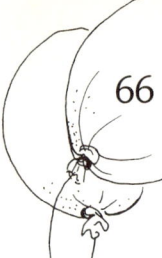

Zum Lachen war er viel zu alt.
Ich stelle ihm die Frage
Wie alt der Alte wirklich sei.
Da hab ich es erfahren:
Er war, das ist der Clou dabei,
Ein Greis von 50 Jahren.

Wer so wie er sein Leben lebt,
Wer in des Alltags Runden
Nach unten statt nach oben strebt,
Versäumt die schönsten Stunden.

Daß es auch anders gehen kann,
Beweist uns welterfahren,
Lebensfroh ein junger Mann
Mit seinen 60 Jahren.

Er sieht zwar nicht wie 20 aus,
Obwohl er flink und fleißig.
Man schätzt ihn etwa, frei heraus,
Auf gute neununddreißig.

Und wenn wir schon beim Schätzen sind,
Erkläre ich mich jetzt:
Von mir wird das Geburtstagskind
Sehr hoch eingeschätzt.

Möge unser Jubilar
Gesund sein, froh und heiter,
Zunächst einmal auf 40 Jahr.
Mit 100 sehn wir weiter.

Herzliche Glückwünsche
✻

Einem Siebzigjährigen

Erst 70 Jahre bist du bloß,
Die Kinderschuhe bist du los.
Als Jüngling ist man nur Attrappe
Mit einer riesengroßen Klappe.
Man greift noch kindlich nach den Sternen

Und muß von andern erst was lernen.
Das Gute, das im Menschen steckt,
Wird langsam erst in ihm erweckt.
Auch im Beruf wird man geschunden,
Bis man allmählich sich gefunden.
Und plötzlich steht man da als Mann,
Der glaubt, daß er nun alles kann.
Und doch kriegt er auf seinem Wege
Vom Schicksal manche Nackenschläge,
Wobei er an sich selbst erlebt:
Es irrt der Mensch, so lang' er strebt.
Wie oft glaubt man verliebt zu sein,
Doch meistens fliegt man dabei 'rein.
Die Liebe ist kein leichtes Abenteuer,
Sie schenkt uns nur ein Kamerad, ein treuer,
Die liebe Gattin, die uns ganz versteht,
Durch dick und dünn mit uns durchs Leben geht.
Nicht durch die Ehe, auch im Freundeskreise
Wird der Charakter fest, das Denken weise,
Humor und Freundschaft macht den Sinn geduldig,
Denn, was man ist, das bleibt man andern schuldig.
So hat auch unser Freund in vielen Jahren
Den Sinn des Wortes Freundschaft oft erfahren
Und hat sie reichlich uns zurückgegeben;
Er lebt nicht nur, er läßt auch gerne leben.
Wenn er sein Jubiläum heute feiert,
Wird unser alter Freundschaftsbund erneuert.
Bleib weiter so, wie immer du gewesen,
Ein Freund des Guten und ein Feind des Bösen.
Wir wünschen dir, Erfolge zu erringen,
Dazu Gesundheit, inn'res Glück vor allen Dingen,
Das wäre wohl zu deinem schönen Fest
Das Beste, was sich heute sagen läßt.
✼

Wenn man 75 wird . . .

Wenn man 50 wird, Geburtstagskind,
Dann ist die Freude groß.

Jedoch es gehen auch geschwind'
Jetzt die Wehwehchen los.

Erst tut OBEN etwas weh,
Es ist ja auch kein Wunder,
Und dieses zieht dann peu a peu
Von oben bis hinunter.

Im Magen spürt man's und im Genick,
Man spürt den Ischiasreiz,
Und schon im nächsten Augenblick
Da spürt man's auch im Kreuz.

Die Schinderei macht keinen Spaß,
Verdammt und zugenäht!
Man fragt sich plötzlich leichenblaß,
Wie das wohl weitergeht.

Dann gehste auf die 60 zu,
Und schon beim kleinsten Dreh,
Da raubt es dir die letzte Ruh,
Jetzt tut dir alles weh.

Pillen schluckste, Tropfen nimmste,
Probierst' mit Wasserstrahl.
Du befürchtest schon das Schlimmste,
Doch alles ist normal.

Aber trotzdem tut's halt weh.
Die Knochen werden schlapp
Und du denkst: Herrjeminé,
Mit dir geht es bergab.

»Hoffentlich«, denkst du im Geist,
Ist es noch nicht zu spät.
Und im Innern klagst du meist:
Wie das wohl weitergeht.

Auf einmal bist du 65.
Du denkst mit Angst und Bangen:
Dein ganzes Lotterleben rächt sich,
Vergangen ist vergangen.

Gedanklich wird von innen raus
Schon langsam Schluß gemacht.
Sieht so am End das Ende aus,
Wer hätte das gedacht!

Wenn hoffend du den Mut verlierst:
Was jetzt noch kommt, ergibt sich,
Da bist du, eh du's selbst kapierst,
Ganz plötzlich 75.

Wer diesen Tag gesund begeht,
Der lebt auch froh und heiter,
So, wie es hier geschrieben steht,
Bis 100 munter weiter.

*

Zum Geburtstag

Mal ist es Freud', mal ist es Qual
Das Leben, das wir leben.
Wir wandern über Berg und Tal
Und suchen zu erstreben

Vom Schönen nur ein kleines Stück,
Der Weg ist oftmals weit.
Ich wünsche dir von Herzen Glück
Und auch Zufriedenheit.

*

Nun ein Beispiel für einen religiös denkenden Jubilar, der die goldene Hochzeit mit seiner Gattin begeht:

»Der Gott, der Menschen wachsen ließ,
Der wollte Hochzeitspaare,
Die sich im Eheparadies
Bewähren viele Jahre.
Und wenn man gold'ne Hochzeit macht,
Fühlt froh man im Gemüte:
Bis hierher hat uns Gott gebracht
Durch seine große Güte.

Das Leben wird erst schön und reich,
Wenn Herz zu Herz sich findet.
Seid fruchtbar drum und mehret euch,
Wie es die Schrift verkündet!
Wenn Kinder und der Enkel Schar
Das Jubelpaar umgeben,
Dann scheint des Glückes Sonne klar
Auf ein gesegnet Leben.
Mögt ihr, verehrtes Jubelpaar,
Verschont von Schicksals Hieben,
Noch leben viele, viele Jahr
Im Kreise eurer Lieben!
Ich darf mein Glas erheben:
Das Jubelpaar soll leben!«

✻

Für eine silberne Hochzeitsfeier von zwei Gatten, die gemeinsam in ihrem Geschäft tätig sind:

»Gatte werden ist nicht schwer,
Gatte sein dagegen sehr.
In des Alltags ödem Grau
Schafft der Mann und schafft die Frau.
Er schafft 'ran und bringt's nach Haus
Und sie schafft es wieder 'raus.
Grade 25 Jahr
Sind sie nun ein Ehepaar,
Und viel Freude und viel Leid
Gab es in der langen Zeit.
Doch was mutig angefangen,
Ist noch immer gut gegangen,
Günstig lenkt man das Geschick,
Ziehen zwei am gleichen Strick.
Leben zwei in Harmonie,
Reut sie ihre Ehe nie,
Und man sieht sie allezeit
Glücklich in der Häuslichkeit.
Ganz besonders, wenn zum Feste
Kommen Freunde an als Gäste,

Tun sich bei dem Festmahl gütlich,
Ja, bei Koltzhorn's ist's gemütlich,
Weil auf sie die Worte passen:
Leben und auch leben lassen.
Drum woll'n wir dies Glas den zwei'n
Mit den besten Wünschen weih'n.«

*

Scherzhaft kann man auch einmal bei einem geistig regen, aber körperlich nicht immer einwandfreien Freunde einfügen:

»Dein Kopf ist klar, dein Witz ist wach,
Geist willig, nur die Beine schwach,
Besonders wenn nach ein'gen Mollen
Sie anders als wir selber wollen.«

Oder:

»Er ist ein Original, gleicht einem ulk'gen Kauze,
Ein Urberliner. Motto: Herz mit Schnauze.«

*

Oder auf einen Freund, der gern einen trinkt, ironisch:

»Stellt er sich vor, er hätte den Kanal voll,
Schon der Gedanke wär dem Fritze qualvoll.
Verhaßt ist ihm der Duft von Bier und Wein,
Sein Atem sagt: Kein Engel ist so rein!
Noch viele Jahre sollst du leben,
Noch viele Jahre glücklich sein;
Drum wollen wir das Glas erheben
Und stimmen in den Ruf jetzt ein:
Hoch soll er leben...«

*

Silberhochzeit

Bleibt ein Mann frisch und gesund,
Hat das einen trift'gen Grund.
Jeder weiß es haargenau,
Das liegt immer an der Frau.

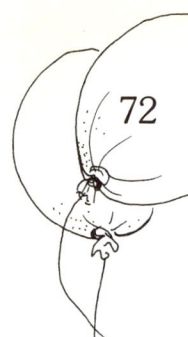

Sie ist lustig und ist tüchtig,
Aber manchmal eifersüchtig.
Wenn ihm and're Frauen winken,
Geht er lieber einen trinken.
Wer sich einen Bauch läßt steh'n,
Ist zu faul, um fremd zu geh'n.

❉

Einem Bürofräulein

»Immer fröhlich auf dem Damm
Ist im Dienst sie mächtig stramm.
Sitzt stets pünktlich im Büro,
Schuftet wie ein Dynamo.
Stempelt, tippt und registriert,
Kalkuliert, stenographiert,
Einkassiert, telefoniert,
Bücher führt, korrespondiert,
Aussortiert, protokolliert,
Buchstabiert, signiert, frankiert,
Mal addiert, mal subtrahiert,
Disponiert und expediert.
Wo gibt's solche Kraft heut', wo,
Die so tüchtig im Büro?
Selbst wenn sie Geburtstag hat,
Ist sie da und spielt nicht matt.
(Ein Umschlag mit einer Geldsumme wird ihr überreicht)
Deshalb wollen wir sie ehren
Und den Umschlag ihr bescheren,
Weil sie selbst nie Umschlag macht,
Sei er heut' ihr dargebracht.«

❉

Zu einem Geburtstag

Es ruhen in des Schicksals Schoße
Die dunklen und die heit'ren Lose.
Was immer auch die Menschen treiben,
Der Wechsel wird beständig bleiben.

Im Leben geht es 'rauf und 'runter,
Das macht elastisch und hält munter.
Wenn wir die Welt nur flüchtig seh'n,
Dann lernen wir sie nicht versteh'n.
Sobald wir in die Tiefe steigen,
Wird sich ein and'res Weltbild zeigen.
Der Unterschied der Perspektive
Gibt Reichtum und und inn're Tiefe.
Der Mensch ist klein, der Himmel groß,
Wer das erkennt, der lächelt bloß.
Bleib stets bescheiden, auch im Glück,
Bejamm're nicht ein Mißgeschick!
Sei hoffnungsfroh zu jeder Stund',
Dann bleibst du jung und auch gesund!

✽

Einem weißbärtigen Freunde

Um den Mund der Sauerkohl
Stempelt ab dich zum Symbol
Alter, guter Friedenszeit,
Strahlend und voll Heiterkeit.
Wahre deine alte Art,
Halt dich fest am Rauschebart,
Der, von innen angefeuchtet,
Unter deiner Nase leuchtet.
So wirkt deines Bartes Glanz
Wie 'n verschluckter Schimmelschwanz.
Mög' uns Gott noch lang erhalten
Uns'ren lieben, guten, Alten!
Bist du heut' auch über siebzig,
Weißt du, was sich neckt, das liebt sich.
Jeder weiß, du bist kein Mucker,
Hoch leb' unser Schimmelschlucker!
Pfleg' noch viele, viele Jahre
Deines Vollbarts schöne Haare!
Zum Geburtstag wünschen wir
Heute alles Gute dir!

Einem Fünfzigjährigen

Heut vor 50 Jahren war
Noch ganz klein der Jubilar,
Heute ist er, seht ihn an,
Von Format: ein großer Mann!
Glück kommt nie von sich allein,
Fleiß und Köpfchen müssen's sein.
Doch eins ist sicher, wie's auch sei:
In 50 Jahren ist nicht alles vorbei.
Viel eher, glaub' ich, man sagen kann:
Nach 50 Jahren fängt der Mensch richtig an.
Da kriegt man den Horizont erst, den großen,
Und die Hörner hat man sich abgestoßen.
Heut bist ein Kavalier du, ein diskreter.
Fünfzig Jahre vorher nur ein Hosentrompeter.
Heut lassen wir uns're Fanfaren klingen
Und wollen die Gläser heben und singen:
Hoch soll er leben ...!

✸

Nun ein Spruch, der sich auf Menschen verschiedener Altersstufen anwenden läßt:

Ein Mann, der sich dem Leben anpaßt,
Der alle Dinge richtig anfaßt,
Der klar und logisch ist im Denken,
Dem jeder kann Vertrauen schenken,
Der selten kommt aus seiner Ruhe,
Eisern die Faust, doch Samthandschuhe,
Der durch den überleg'nen Geist
Und Rat sich nützlich stets erweist;
Diplomatie, Sinn für Humor,
Dem Freunde stets ein offenes Ohr,
Nie müde, heißt es: Hoch die Tassen!
Auf den sich jeder kann verlassen.
Wer dies Charakterbild betrachtet
Und ist grad geistig nicht umnachtet,
Erkennt so klar wie Sonnenschein,
Der Mann kann unser Max nur sein!

Onkel Fritz wird 60

Wo du doch heute 60 wirst
Vor lauter Energie fast birst,
Wirkst du wie ein pubertäter,
Jugendfrischer Schwörenöter.
Wo du Häuser sonst verwaltest,
Hin so manchen Schriftsatz knalltest,
Sollst du dich des Lebens freu'n,
Selbst jetzt »aus dem Häuschen« sein.

✸

Verlobung

Wenn sich Herz zu Herzen findet,
Wird ein neuer Bund begründet,
Der in möglichst nächster Nähe,
Führt zum Stand der heil'gen Ehe.
Dann freu'n sich die Anverwandten,
Gute Freunde und Bekannten,
Und sie wünschen alles Gute
Zu dem aufgebrachten Mute.
Denn in uns'rer heut'gen Zeit
Ist es keine Kleinigkeit,
Solch ein Kollektiv zu gründen
Und fürs Leben sich zu binden.
Wahre Liebe ist kein Wahn,
Die kommt durch wie 'n Weisheitszahn.
Wenn wir heut' Verlobung feiern,
Brauche ich nicht zu beteuern,
Daß wir uns mit ihnen freuen
Und den Alkohol nicht scheuen.
Deshalb sag' ich: Hoch die Tassen!
Woll'n das Brautpaar leben lassen,
Daß sie fest wie Amalgam
Bald verbunden monogam.
Eins möcht' ich auf den Weg noch geben:
Die Hochzeit woll'n wir noch erleben!
Heut' rufen zu wir ihnen laut:
Es leben Bräutigam und Braut!

Einem Mädchen zur Konfirmation

Leben ist wie Wind, der weht.
Ach, wie schnell die Zeit vergeht!
Kurz vorher noch Mädchenkleider,
Bald Kostüme schon vom Schneider.
Jetzt sind dir die Murmeln schnuppe,
Aus den Armen rutscht die Puppe.
Bald spielst du mit Männerherzen,
Und sie leiden um dich Schmerzen.
In den Kreis erwachs'ner Leute,
Bist du aufgenommen heute.
Wirst als Große jetzt geführt,
Denn du bist heut konfirmiert.
Keiner sagt zu dir mehr »Kleine«,
Lang sind die Gazellenbeine,
Und du wirst bald, o wie fein,
Eine große Dame sein.
Um das richtig zu versteh'n,
Brauchst du Mutti nur zu seh'n,
Die hat Geist und Witz und Charme
Und nimmt alle auf den Arm.
Nun bist du auf alle Fälle
Bald die Zierde schöner Bälle,
Und so mancher olle Knopp
Dreht nach dir sich um den Kopp.
Mög Schönes dir das Leben bieten,
Viel Freude und nur wenig Nieten,
Auf daß es immer gut dir geht,
Wünsch' ich dir herzlich als Poet.

✳

Einem Konfirmanden

In jedem Leben stellt sich ein
Zur rechten Zeit ein Meilenstein.
Die Jugendtage, die so heiter,
Sind jetzt vorbei, der Weg geht weiter.

Nunmehr beginnt der Ernst des Lebens,
Die Zeit des Schaffens und des Strebens.
Heut' hast du dich zu Gott bekannt,
Dein Schicksal liegt in seiner Hand.

Was nützt dein Wollen und dein Denken,
Nur ihm mußt du Vertrauen schenken;
Er weiß vorher, was zur dir kommt,
Er wird dir geben, was dir frommt.

Wenn du im Leben manchmal bangst,
Folg' niemals deiner Lebensangst!
In seinen Händen ganz allein
Wirst immer du behütet sein.

Ein neuer Abschnitt ist gekommen,
Bist unter Große aufgenommen,
Du bist erwachsen und kein Kind,
Zum Manne reifst du nun geschwind.

Ein Tag, der unvergeßlich ist,
Du stehst vor uns als junger Christ
Und hast vor Gott dein Wort gegeben,
Im Sinne Christi nun zu leben.

Wir wollen dieses Glas dir weih'n,
Es soll dein Ehrentag heut' sein!

✷

Dem jungen Brautpaar

Den Dreispitz trug der alte Fritze,
Der Baske seine Baskenmütze,
Die Damen setzen auf die Köpfe
Aus Stoff gepreßte Blumentöpfe,
Den Turban trägt der Mameluck,
Indianer lieben Federschmuck.

Ägypter tragen auf dem Deez
Den Tarbusch, ihren roten Fez.
Der schwarze Hut ziert den Torero,
Den Mexikaner der Sombrero,

Der Inder seinen Turban dreht,
Barhäuptig zeigt sich der Asket,
Der Neger trägt die Haare kraus,
Den Tibetaner schmückt die Laus.
Der Stahlhelm schützt vor der Kanone,
Ein echter Sir trägt die Melone.
Die Päpste die Tiara ziert,
Die Queen die Krone aufprobiert.

Doch schöner als der Krone Glanz
Schmückt eine Braut der Myrtenkranz,
Kein gold'ner Schmuck, nicht modisch Schickes,
Und doch die Krone allen Glückes.
Ihr habt gelobt bei Orgelklang,
Zu lieben euch ein Leben lang.

Dies »Du bist mein und ich bin Dein«
Wird künftig euer Wahlspruch sein.
Wir wünschen euch auf euren Wegen
Vor allen Dingen Gottes Segen!
Und denkt in eurem jungen Glück
An eure Freunde mal zurück.

Die, wohin immer ihr mögt geh'n,
Euch stets getreu zur Seite steh'n.
Denn auch die Autarkie der Ehe
Braucht gute Freunde in der Nähe.
Und wenn der Bräut'gam und die Braut
Sich dann ihr eig'nes Nest gebaut,

Glaubt ja nicht, daß ihr bleibt allein,
Wir stell'n uns alle wieder ein,
Wir bleiben Freunde jederzeit
Und freu'n uns, wenn ihr glücklich seid.

Wenn ihr euch beide habt gefunden,
Wir bleiben doch mit euch verbunden.
Drum mache ich den Wunsch verlautbar,
Es lebe hoch das junge Brautpaar!

✱

Hurra ein Stammhalter

Es zeugt von Können, Mut und Stärke,
Wenn mit seinem Erstlingswerke
Der Aspirant voll Tatenkraft
Auf Anhieb einen *Buben* schafft.
Auch die Mama hat ohne Fragen
Ihren Anteil beigetragen,
Weshalb den beiden eins gebührt,
Daß man von Herzen gratuliert.
Elternglück macht reich und froh.
Bravo Kinder, weiter so.

✲

Patenrede

Ein kleines Kind mit Schrei'n und Klagetönen
Muß langsam sich ans Licht der Welt gewöhnen.
Versucht's zu stammeln, ist es nur ein Lallen,
Sein erstes Schreiten in die Welt ist – Fallen.
Da braucht es Helfer, die die Arme breiten,
Die seine Schritte in das Leben leiten.
Bis es sich sicher fühlt und aufrecht stehen kann;
Durch fremde Hilfe wächst das Kind heran.
Zuerst sind es der Mutter liebe Hände,
Sie ruhen nicht und schaffen ohne Ende.
Stolz strahlt der Vater. Doch, wie Männer sind,
Ist er genau so hilflos wie das Kind.
Und wenn der Säugling schreit und was begehrt,
Was auch der Vater tut, es ist verkehrt.
Erst wenn das Kind allmählich sprechen kann,
Erwachsen seinem Vater Pflichten dann,
Er findet keine Ruhe mehr im Haus,
Denn bis zum letzten fragt das Kind ihn aus,
Mal soll er Löwe sein, mal Pferd, mal Kuh,
Mal soll er hüpfen wie im Zoo das Känguruh.
Kriegt er bald keine Luft von all dem Hetzen,
Holt man den Paten dann, um Vatern zu ersetzen.

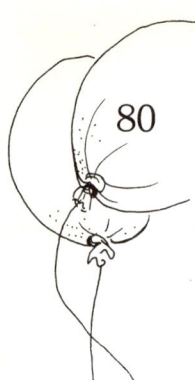

Er muß dem Kind das Spielzeug reparieren,
Nimmt seine Hand und geht mit ihm spazieren.
Ja, Pate sein, das klingt, als wär's nicht schwer,
Doch ist's, als wenn man selber Vater wär'.
Auf alle Fälle sollen Paten
Dem Kind zur Seite steh'n und raten.
Sie nehmen Anteil am Geschick
Und freu'n sich mit an seinem Glück.
Und in Erfüllung meiner Pflichten
Verlegt ich heute mich auf's Dichten.
Da Wein ich seh' in Gläsern blinken,
Will auf das Patenkind ich trinken!

*

Kleine Schwächen

Ein lieber alter Freund, der etwas undeutlich redet, hat seinen siebzigsten Geburtstag. Er wird allgemein Blubberfritze genannt.

Vom Blubbern

Er blubbert wie Wasser im Kessel erhitzt,
Er blubbert wie Sekt, wenn er himmelwärts spritzt.
Was sein Inn'res bewegt, wird nach oben gepufft,
Beim Sekt wie bei ihm drängt es raus an die Luft.
Aus dem Herzen macht er keine Mördergrube,
Was ihn ärgert, das drückt er 'raus aus der Tube.
Kennt keine Verstellung, er schluckt nichts hinunter,
Denn was drin ist, muß 'raus, und er blubbert sich munter.
Wenn so manches Wort blubbernd auch untergeht,
Wer ihn anhört, der tut doch, als ob er's versteht.
Die einzelnen Worte sind doch nicht so wichtig,
Wenn Fritze was blubbert, das ist immer richtig.
Heut' ist seine Wohnung gefegt und geschrubbert,
Weil Fritze heut' 70 Jahre schon blubbert.
Das ist für die Freunde ein großes Fest,
Das keiner so leicht sich entgehen läßt.

Mög' lange noch dein Herzschlag bubbern,
Und weiter uns erfreu'n dein Blubbern!
Wer immer schweigt, dem traut man nicht,
Wer blubbert, ist kein Bösewicht.

✸

Steckenpferd: Lyrik

All dein Trachten, all dein Denken
Ließen zur Natur dich lenken.
Du verstandest, ihr zu lauschen,
Hörtest Wind in Eichen rauschen,
Bliebest sinnend steh'n ein Weilchen
Bei den unscheinbaren Veilchen,
Sahst die Abenddämm'rung träumen,
Vögel sangen in den Bäumen,
Und das Herz, das in dir schlägt,
War im Innersten bewegt,
Ließ dich dichten, ließ dich denken,
Um den Menschen das zu schenken,
Was mit der Natur verbunden,
Du im Herzen hast empfunden.
G'rad das Schlichte ist das Echte,
Für die heut'ge Zeit das Rechte,
Das in unsrem Freundeskreis
Jedermann zu schätzen weiß.

✸

Auf einen, der hofft, durch Spiel oder Lotterie zu Geld zu kommen.

»Wie kommt man am besten, fragt heut' jedermann,
An das Geld von den anderen Leuten wohl 'ran?
Soll ich Skat spielen oder die Klassenlotterie?
Spiel' ich Skat, kann ich mogeln, bei den Losen geht's nie.
Auch bei Totowetten, das wirst du bald seh'n,
Nur die Leute ham Chancen, die nichts von versteh'n.
Auch das Lottospielen verursacht mir Kummer,
Ich erwisch dabei niemals die richtige Nummer.
Bei den Preisausschreiben wird keiner mehr reich,
Nur das Sitzfleisch wird hart und die Birne wird weich.

Auf die Heiratsannoncen kriegste Briefe wie Heu:
›Leidgeprüft, keine Möbel, aber vollschlank und treu!‹
Neulich kauft ich ein Los für die Tombola,
Büstenhalter ›Citrona‹ gewann ich da,
Den hab ich 'ner Dame galant offeriert,
Dafür hat die mir eine vorn Latz geschmiert.
Seit dem Tage verzicht' ich auf Glück und Geld,
Weil das Geld und das Glück viel verspricht und nichts hält.
Aber wenn meine Gläubiger zu sehr fluchen,
Werd' ich's doch mal vielleicht mit Arbeit versuchen.«

*

Spiele

Diese Anregungen habe ich einem befreundeten Bridgespieler zu verdanken.

Der Name »Bridge« ist nicht unbegründet,
Es ist eine Brücke, die Menschen verbindet.
Kein Kartenspiel scheint uns so edel wie Bridge,
Genau wie die Kunst nichts zu tun hat mit Kitsch.
Die Bridgeregeln sind nicht so leicht zu erlernen,
Sie scheinen zunächst unerreichbar gleich Sternen.

Beim Bridgen erst merkt mancher Mann,
Daß er viel besser Skat spielen kann.
So mancher würd' sich glücklich fühlen,
Könnt' einen Quicker er erzielen,
Doch soll man solchem Glück nicht trau'n,
Es langt nur höchstens zu »drei down«.

Herrn Lehmanns allerhöchstes Ziel
Ist, zu vernichten jedes Spiel,
Dann reizt er gern mit tollsten Sachen,
Dagegen kann kein Mensch was machen.
Wer manchmal ihn so spielen sah:
Fragt: »Wozu sind die Regeln da?«

Hört Fräulein Krause was von Regeln,
Dann will sie sich vor Lachen kegeln,
Sie hält den Standpunkt für den besten:

Wir leben doch im freien Westen.
Frau Müller macht ein Wunsch plemplem,
Sie spielt zu gerne einen Schlemm.
Herr Müller aber folgt beim Spiel
Anstatt den Regeln dem Gefühl.
Frau Meier bleibt nicht gerne stumm
Als säß' sie im Panoptikum,
Sie plaudert aus, auch wenn sie spielt,
Was sie im tiefsten Herzen fühlt.

Das schickt sich nicht zu allen Zeiten,
Beim Bridgespiel ist verpönt das Wort;
Wenn muntre Reden es begleiten,
Verfliegt der Geist des Spiels sofort.
Doch heute können alle plaudern,
Ganz ohne Regeln, ohne Zaudern,

Denn wir verjubeln heut' die Masse,
Die uns verblieb in unsrer Kasse.
Jetzt wird getrunken und gegessen,
Und auch das Tanzen nicht vergessen.
Bis wir vor lauter Sattsein schwitzen
Und selig alle, die sonst bridgen.

✱

Die Billardkugeln

Auf dem Billardtuch rollt herum überall
Ein runder, zufriedener Billardball.
Jeder Queuestoß machte ihn lustig und heiter,
Ob mal hierhin, mal dorthin, er rollte weiter.

Da hat er plötzlich, jäh erschreckt,
Eine andere Billardkugel entdeckt.
Jetzt kam Sinn hinein in sein früheres Spiel,
Unser Billardball hatte ein Lebensziel.

Jene reizende Kugel mit ihrem bleichen
Feinen Teint, die wollt' er erreichen.
Zu ihr rollt' er, und traf sie nicht,
Noch einmal, fast hätte er sie gekriegt.

Jetzt wieder... Vergeblich auch diesesmal.
Es wuchs unsres Billardballs Liebesqual.
Auch die Billardkugel verging vor Entzücken:
»Ach, bekäm ich doch bloß da den kleinen Dicken,
Wir würden uns Backe an Backe schmiegen
Und blieben für ewig vereint immer liegen!«
Das Glück! Eines Tages mit heftigem Knall
Flog der Kugel entgegen der Billardball.

Jetzt berührten sie sich. O seliges Glück!
Doch sie prallten im gleichen Moment zurück.
Verflogen war Lieben, Lust und Wahn,
Ein jeder rollt weiter die eigene Bahn.

War es Schicksal, war's Zwang, der die beiden führte,
So daß öfter der Ball noch die Kugel berührte:
Ein Berührungspunkt, ein heftiges »Klapp« –
Immer wieder stieß einer den anderen ab.
Was ich schildre, zählt nicht zu den seltenen Fällen:
Viele Ehen gleichen den Billardbällen.

✷

Beruf

Einem Drogisten

Babypuder, Baldrian,
Aufbaupillen, Sagrotan,
Flit, Tampax und Kleingebäck,
Groben Dreck bringt Imi weg.
Manicure und Klystiere,
Lippenstifte, Clopapiere,
Zum Rasieren Klingen, Seifen,
und Opekta zum Versteifen.
Bitterwasser, Ajax, Pril,
Henko-Perwoll und Persil,
Henkel-Leim und Henkel-Kleister,
Salmiak- und Melissengeister,
Müsli, Hipp und Haferflocken,
Asbach Uralt, Henkel Trocken,

Büstenpulver »Bittrer Reis«,
Knoblauch hilft dem Jubelgreis.
Von der Wiege bis zur Bahre:
Der Drogist führt jede Ware.

*

Rundgesänge

Eine besonders mitreißende Art, einen Kreis bei einem Gelegenheitsgedicht mitmachen zu lassen, ist die Form eines Rundgesanges, der den Chor zu den Versen bildet. Nach der Melodie »Studio auf einer Reis', juppheidi juppheida« kann man seine Vierzeiler nach folgendem Muster vortragen. Zum einjährigen Bestehen eines Ortsclubs des Deutschen Automobilclubs, ADAC genannt, wurde gesungen:

»Vor einem Jahr wurd' hier verkündet,
Juppheidi juppheida (alle mitsingen),
Daß unser Ortsclub ist gegründet,
Juppheidiheida.
Drum wollen wir uns alle freun
Und recht A D A Cärtlich sein.
Alle:
Juppheidi juppheida, juppheidiheida,
Juppheidi juppheida, juppheidiheida.«

Unter den angesungenen Teilnehmern, deren Eigenheiten sich leicht anbringen ließen, war auch ein Clubmitglied, ein kleiner, rundlicher, fideler Herr, der besonders durch lautes Lachen und einen weithinschallenden Ton auffiel, ebenso wie er bei allen Festen dadurch von sich reden machte, daß er statt im Smoking im braunen Anzug erscheint. Ein Beispiel, wie man das humoristisch in einem solchen Vers verarbeiten kann:

»Freund Becker gern wir bei uns schau'n,
Juppheidi juppheida (alle mitsingen),
Sein einz'ger Anzug, der ist braun,
Juppheidiheida.
Ihm kann man nicht so leicht entfliehn,
Sieht man ihn nicht, dann hört man ihn.
Alle:
Juppheidi juppheida, juppheidiheida,
Juppheidi juppheida, juppheidiheida.«

Der letzte Vers galt dem Clubpräsidenten des gesamten ADAC, der als Ehrengast dabei war:

»Wir freu'n uns, daß in unsrem Kreis,
Juppheidi (wie oben) –
Er heut' sich unter Freunden weiß.
Wo er geschätzt von jedermann
Und jeder Gas gibt, wie er kann.«

Allgemein kann man solche Juppheidi-Verse auf die Anwesenden etwa nach folgendem Beispiel bringen:

»Drei Frauen und ein einz'ger Mann,
Juppheidi (wie oben) –
Das sieht sich wie ein Harem an,
Wie wär's, wenn ich mal untersuche,
Ist er Pascha oder Obereunuche?«

Endlich noch ein Vierzeiler dieser Art:

»Da sitzen zwei, doch keiner spricht,
Seh'n sich nicht an und lachen nicht,
Da merkt zuletzt das kleinste Kind,
Daß sie schon lang verheiratet sind.«

Man kann auch nach der Melodie: »Horch, was kommt von draußen 'rein, holla hi holla ho« seine Verse zum Mitsingen des Chores einrichten.

»Weil wir uns des Lebens freu'n, hollahi hollaho,
Woll'n wir heute glücklich sein, hollahihaho.
Heute wird noch mal gesumpft, Hollahi hollaho,
Morgen kommt der Wendepumpft, Hollahihaho.«
»Heißt es: Heut' ist Stiftungsfest, hollahi hollaho,
Macht selbst Meier nicht Protest, hollahihaho.
(irgend ein bekannter Vereinsmeckerer)
Alle freu'n sich wie ein Kind, hollahi hollaho,
Weil sie heut' mal einig sind, Hollahihaho.«

Diese Anregungen dürften wohl genügen, um ein paar launige und bezügliche Verse ins Leben zu rufen, die dann durch den Chor noch unterstrichen werden.

WIE GESTALTE ICH EINE KARNEVALSSITZUNG?

Vorbereitungen

Eine kleine, improvisierte Karnevalssitzung zu arrangieren ist sehr einfach, wenn man die wesentlichen Bedingungen dafür schafft.
Nicht immer wird ein großer Elferrat da sein, auch nicht Platz für einen großen Elferratstisch und ein Rednerpult, das in Köln und Mainz »Bütt« und in Berlin »Molle« genannt wird und in das die Büttenredner steigen.
Es genügt ein kleiner Tisch für 4 bis 5 Personen. Es ist nötig, daß man als Leiter einer solchen improvisierten Sitzung eine Narrenkappe aufsetzt und, wenn möglich, zwei nette junge Mädchen als Ehrendamen bestimmt. Außerdem kann ein »Zeremonienmeister« mit der Aufgabe betraut werden, diejenigen Redner, die sich gemeldet haben, von ihren Plätzen auf das Podium zu geleiten, gefolgt von den Ehrendamen.
Stimmungsvoll wirkt es, wenn auch die übrigen Elferratsmitglieder eine närrische Kopfbedeckung tragen.
Damit der Auftritt würdig und recht auffallend wird, spielt die Hauskapelle bei leerem Podium einen sogenannten Büttenmarsch, z. B. »Es war einmal ein treuer Husar« oder den aus der Fernsehsendung »Mainz, wie es singt und lacht« bekannten »Narrhallamarsch«.
Beim Einzug des Elferrates mit Gefolge, von der Hauskapelle musikalisch untermalt, wird das närrische Auditorium mit frohem Winken begrüßt.
Der Präsident eröffnet nun die Narrensitzung mit ein paar närrischen Sätzen. Es kann dies mit einem stimmungsvollen Vers geschehen oder man kann sagen: »Als Präsident begrüße ich alle Närrinnen und Narren ganz herzlich und verfüge im Namen unseres Oberbürgermeisters für den heutigen Abend völlige Steuerfreiheit sowie Kußfreiheit.«

Als Begrüßungsvers mein Vorschlag:

Liebe holde Narrenschar,
Wie es bei uns stets Sitte war,
Wollen wir mit vollen Händen
Auch heute Freud' und Frohsinn spenden.

Wir laden Euch von Herzen ein,
Als Narr bei uns zu Gast zu sein.
Euch zur Freude – unser Ziel
Beim vierfarbbunten Narrenspiel.

Dann läßt er die Versammlung ein dreifaches »Alaaf«, oder »Helau« oder einen anderen karnevalistischen Schlachtruf anstimmen.

Nunmehr schickt er den oder die Zeremonienmeister unter den Klängen des Büttenmarsches in den Saal, um den (manchmal auch vorher angekündigten) erwarteten Büttenredner auf das Podium zu holen.

Nach beendeter Büttenrede, wenn der Applaus verklungen ist, ruft er den Redner vor seinen Tisch, der Elferrat erhebt sich, und dann spricht der Präsident dem Redner in launigen Worten seinen Dank aus, überreicht ihm einen Orden oder ein anderes kleines Präsent. Er bringt mit den Narren im Saal ein dreifaches »Helau« u. a. aus.

Die Kapelle spielt nun ein rheinisches Potpourri, wobei das Publikum zum Mitschunkeln aufgefordert wird. Der Elferrat geht natürlich mit gutem Beispiel voran.

Das Schunkeln kann gesteigert werden. Man fordert die Anwesenden auf, sich von den Sitzen zu erheben. Eine solche Steigerung haben viele von Ihnen bestimmt schon erlebt, oder Sie konnten die fast akrobatischen Kunststücke mancher Sitzungsbesucher auf dem Bildschirm bewundern.

Man kann dann auch das Publikum auffordern, nicht seitwärts, sondern von vorn nach hinten zu schunkeln, indem man sich vor- oder rückwärts beugt.

Vielleicht läßt man auch die Narren sich reihenweise am linken Ohrläppchen anfassen und schunkeln. Die Hauptsache ist, daß Bewegung unter die Sitzenden kommt und mitgesungen wird.

Nun läßt der Präsident den nächsten Büttenredner holen, der nach dem Prinzip der Steigerung eingeordnet sein muß. Nicht gleich das derbste Geschütz nehmen. Bei einem hervorragenden Büttenredner bringt man eine Rakete aus.

Der Präsident macht es erst einmal vor. Er hat verschiedene Variationsmöglichkeiten, z. B. auf Kommando eins wird in die Hände geklatscht. Bei Kommando zwei wird mit beiden Händen flach auf den Tisch geschlagen und bei Kommando drei wird ein lautes Pfeifkonzert angestimmt, das mit einem gemeinsamen Aaaahhh endet.

Ist die Sitzung zu Ende, so verabschiedet sich der Präsident mit seinem Elferrat und verläßt in geschlossenem Zuge, durch das Publikum schreitend und alle grüßend, den Saal mit Gefolge.

Büttenreden

Im Karneval ist alles auf Stimmung und Heiterkeit eingestellt. Gute Büttenredner sind gesucht. Zuerst muß man sich überlegen, in welchem Kostüm man kommen will. Schon die äußere komische Aufmachung ist der halbe Erfolg.
Karnevalsreden sind am wirksamsten, wenn sie aktuell sind. Sobald man stadtbekannte Ereignisse glossiert, hat man die Lacher auf seiner Seite. Natürlich kann man keine Karnevalsreden an dieser Stelle zum Abdruck bringen, die Aktuelles enthalten. Wir zeigen Ihnen gewissermaßen den Aufbau einer Büttenrede und Sie können in diesem Rahmen aktuelle oder lokale Ereignisse und persönliche Foppeleien nach Belieben einflechten.
Trotzdem will ich ein paar solcher Lokalspitzen mit aufführen, damit die Leser sehen, wie man in ähnlich gelagerten Fällen eine Büttenrede aufbauen kann.
Eine dankbare Maske ist die des Mephisto.

Mephisto

Ich komm' aus der Hölle, um nachzuseh'n,
Wie heute die Dinge auf Erden steh'n,
Im Bundeshaus komm'n sie in »Jeans« jetzt an,
Was den Deutschen heut fehlt ist ein – »Stresemann«.
Doch Politik und Wirtschaft, alles einerlei,
Macht, was ihr wollt, der Teufel ist dabei.
In Potsdam und Jalta hab' ich mitregiert,
Hab' den Großen den Weltkugel-Schreiber geführt.
Ich kam damals nicht in des Satans Gewand,
Ich hab mich ganz einfach nur – Wodka genannt.
Ich finde bei allem, was heute passiert,
Mit wie wenig Verstand wird die Welt regiert!
Der kleine Gott der Welt bleibt stets vom gleichen Schlag
Und ist so wunderlich als wie am ersten Tag.
Hinter jedem steht einer als Hintermann,
Der nur wartet: Wann komme ich endlich dran?
Hinterm Huhn steht die Hausfrau, die holt sich das Ei.
Hinterm Dieb steht die Kriminalpolizei.
Ein jeder Er kriegt seine Sie
Trotz Politik, Moral und Etikette.

Den Teufel spürt das Völkchen nie
Und wenn er sie beim Kragen hätte.
Doch ich muß leider fort, ich hab' keine Zeit,
Auch die Hölle verlangt heute Pünktlichkeit.
Die Damen werden ohne mich sich besser amüsieren,
Es gibt genügend Partner, die sie gern zum Tanze führen.
Doch sucht ihr einen Lustmolch, einen Casanova von Format,
Sucht euch 'nen Dicken aus vom großen Elferrat.

❊

Die Blumenfrau

Kauft Blumen, schöne Blumen, die sind noch ganz frisch!
Die brauchen Sie vorher nicht anzutatschen.
Die stell'n Sie zu Hause sich schön auf den Tisch,
Wozu brauchen Sie Fernsehen? Laßt Blumen quatschen!

Ja, was einem die Blumen so alles erzählen können!
Ganze Romane. Hören Sie mal zu! (Sie nimmt die Blumen oder Pflanzen aus dem Korbe.)
Als ich noch eine zarte Mädchenknospe und noch grün war wie die Heide, war ich so chrysandämlich wie Bohnenstroh. Als »Fleißiges Lieschen« mit dem Fingerhut war ich eine Unschuldslilie, die als Veilchen im Verborgenen blühte. Meine Bäckchen glühten wie zwei Borsdorfer Äpfel, man lobte mein Fuchsie-es Goldhaar über den grünen Klee. Als mich eines Tages ein Nieselprimel ansprach und fragte: »Farrn – wir zusammen ins Grüne?« stach mich der Hafer, und ich sagte: »Je länger je lieber«.
Auf einer Blumenwiese sagte er: »Wruck-ken wir zusammen«. Da wurde ich rot wie eine Feuerlilie und entwickelte mich zu einer Schlingpflanze aus der Gattung der Lippenblütler, und ein Kro-Kuß folgte dem andern.
So wurde ich seine Königin der Nacht.
Wenn er müde wurde, sagte ich ihm: »Wach Holder und Vergißmeinnicht!«
Er war aber eine treulose Tomate mit Nebentrieben und wurde nicht mal rot dabei.
Da bekam ich die Wut auf die Männer. Ich wurde eine kesse Bolle und entwickelte mich zum duften Asphaltpflänzchen. Ich lachte mir einen Major an von den Esdragonern, der mein Inthymian wurde. Eines Tages kam er unerwartet in mein Zimmer und fand einen Mandarin.
Da schrie er: »Du Nachtschattengewächs, bei dir ist Hopfen und Malz verlo-

ren. Du alte Zimmerlinde, du Radieschen, jetzt habe ich den Zimt satt! Ich lasse mich nicht mehr veräppeln und durch den Kakao ziehn. Du bist eine fette Henne geworden, und wo die Paradiesäpfel waren, sind jetzt nur noch kümmerliche Hängegewächse«. Da wurde ich kohlrabiat: »Halt dein Löwenmaul«, sagte ich, »du doofe Nuß, du Stück Kaktus! Geh dahin, wo die Zitronen blüh'n, wo der Pfeffer wächst!« Und da meine Hand in der Herbstzeit-lose saß, kriegte er einen vor die Birne, daß seine Melone von der Kohlrübe auf die Gurke rutschte und sein Löwenzahn in den Kiefern wakkelte.
Jetzt will ich nichts mehr von den Männern wissen. Ich trinke eine Tulpe Pils nach der anderen, bis ich kornblumenblau bin und dann sage ich: »Laßt Blumen sprechen!« Na, seh'n Sie, sagen Sie jetzt nicht zu mir »Alte Klatschmonalisa!« Die Blumen reden die Wahrheit. Darum sage ich Ihnen: »Kauft Blumen, schöne Blumen, die sind ganz frisch,
Die brauchen sie vorher nicht anzutatschen;
Die stell'n Sie zu Hause sich schön auf'n Tisch!
Wozu brauchen Sie Fernsehn? Laßt Blumen quatschen!«

✸

Etwas über den künstlichen Menschen

Der Mensch stammt vom Tier ab, das hat man entdeckt.
Auch im Tier ist viel Menschliches versteckt.
Die Menschheit von heut' ist nur degeneriert,
Weil sie immer mehr tierische Urkraft verliert.
Ich entschloß mich drum, Experimente zu wagen,
Mensch- und Tierhirne teilweis zu übertragen.
Seh'n Sie sich zum Beispiel ein Stinktier an,
Das, wohin es kommt, immer nur stinken kann.
Seine Weltanschauung ist die unbedingt:
»Die Welt ist verdorben, weil es rings um mich stinkt!«
Wenn das Hirn von dem Tier in 'nem Menschenkopf ist,
Was kann daraus werden? Ein Pessimist.
Dort die Flundern sind Konjunkturschriftsteller zumeist,
Ich schuf ihnen Körper, so flach wie ihr Geist.
Und was lehrt uns zum Beispiel das Hirn eines Flohs?
Nur wer Blutsauger ist, macht heut' Sprünge ganz groß.
Und wie wär's wenn ich einmal das Hirn einer Schnecke
In einen erwachsenen Menschenkopf stecke?

Wer dann so gut kriechen und schleimen kann,
Der wird heut' sehr schnell ein gemachter Mann.
Doch dann überlegt ich, was braucht' man für Sachen,
Um daraus einen künstlichen Menschen zu machen?
Ein Herz, das im Takt schlägt, das ist nur Scherz,
Welcher Mensch hat heut' Takt noch und wer noch Herz?
Oder Rückgrat, das braucht man nicht mehr zur Stund';
Das markiert man am besten nur mit dem Mund.
Als Ersatz dafür kriegt 'nen Mantel der Mann,
Den er stets bequem nach dem Wind hängen kann.
Die Sprache von einem Papagei reicht aus vollkommen,
Nur die Ellenbogen werden am besten doppelt genommen.
Und der Bauch! Der ist von größter Bedeutung,
Den bau' ich als Dom aus mit Orgelbegleitung.
Denn der Bauch ist des Menschen Heiligtum,
Ihm opfert er Ehre, Liebe und Ruhm.
Jeder beugt sich alltäglich vor seiner Macht,
Und das geistige Leben wird ihm gerne zum Opfer gebracht.
Wenn im Kopf von den Menschen was drin muß sein,
Tu ich nur eine weiche Birne hinein.
Und so schaff' ich in höchster Vollkommenheit
Den Durchschnittsmenschen der heutigen Zeit.
Doch ich merke selbst, diese Jammerfigur
Wär' auf den idealen Menschen die Karikatur.
Menschen künstlich machen, das taugt doch nicht viel,
Menschen – menschlich machen, das wäre ein Ziel.
Wie wär' es, ich schaff' ihm Tugenden, die vielen fehlen heut',
Vor allem die seltene Gabe: Bescheidenheit?
Aber wie? Vielleicht ist einer von Ihnen bereit
Und stellt sich mir zur Verfügung auf kurze Zeit.
Keine Angst, es tut nicht weh und geht geschwind,
Ich mach eine Injektion und schon kurz nachher,
Da glauben Sie selbst, es gäb' Sie nicht mehr,
Und Ihre Umgebung, die hat Sie indessen
Aus den Gedanken verloren und einfach vergessen.
Und während die Welt immer weiter sich dreht,
Da merkst du, wie schön es auch ohne dich geht.
Könnten alle Menschen das einmal erleben,
Würd' es nur noch – bescheidene Menschen geben.

Auch mein Dichterwerk, so schwer es auch sei,
Ist gewiß nichts als geistige Spielerei,
Deren einziger Wert vielleicht darin steckt,
Daß in ihnen Gedanken werden erweckt
Über das, was vom Tier und vom Mensch in uns wohnt.
Glückte das mir, so wär' meine Arbeit belohnt.

*

Und nun noch einige Beispiele für das kurze Auftreten eines Büttenredners, die auch mit einem Überleitungsvers episodenweise zu einem längeren Vortrag zusammengefügt werden können.
Zunächst ein humorvolles Geständnis darüber, wie ein Büttenvortrag überhaupt zustande kommt, denn wichtig ist:

Ideen muß man haben

Macht man sich zur Winterzeit
Genüßlich in dem Sessel breit,
Im Klotzophon gibt's nichts Gescheites,
Du trinkst ein erstes und ein zweites

Gläschen Wein, das dir zum Lobe,
Kredenzt in leichter Abendrobe,
Erwartungsvoll dein Weib serviert,
Wenn man ein leichtes Prickeln spürt,

Dann merk' ich, wie in mir ganz sacht
Die Muse sich bemerkbar macht.
Ich verspür' minutenlang
Den wohlbekannten Tatendrang,

Schau fragend meine Liebste an.
Sie lächelt still und nickt sodann:
Muß – fragt sie beim Kerzenschein –
Es heute denn schon wieder sein?
Wo nimmst du den Elan bloß her?
Doch wenn es sein muß, bitte sehr!
Aber du, mein Worschtathlet,
Faß dich bitte kurz, wenn's geht.

Worauf ich ihr mit viel Plesier
Zärtlich sag': Ich danke dir.
Dann fange ich, weil ich grad kann,
Sofort an meinem Vortrag an.

Wenn mancher hier den Fehler machte
Und in die falsche Richtung dachte,
Zeugt dies von seinen Geistesgaben.
Trotzdem: Ideen muß man haben.

※

Wünschen – Glauben – Hoffen

Im Grund ist jeder Optimist,
Denn wie's im Leben eben ist,
Es besteht, sind wir doch offen,
Stets aus *Wünschen, Glauben, Hoffen.*

Und ganz speziell in frohen Tagen
Läßt Hoffnung Herzen höher schlagen.
Ich denke da in aller Stille
An 0,8 und die Promille.

An jenen denkt ich, der erst guckt,
Der sich freut und etwas schluckt.
Und während er erfreut noch schluckt,
Nach jedem Schluck dann ängstlich guckt,

Denn ein Schlückchen macht zwar Spaß,
Doch er lächelt still ins Glas,
Weil er kämpft mit letzter Kraft:
Riesling oder Apfelsaft?

War man einst vom Weine satt,
Wußte man: Wer hat, der hat.
Heut' beginnt das große Zagen,
Dein Freund und Helfer muß Dir sagen,

Daß Du hast! Und das ist Mist,
Weil diese Auskunft teuer ist,
Denn ist ein Wagen noch so klein:
Führerschein bleibt Führerschein.

Siehst Du dann beim Nachhause gehn
Den Hilfsbereiten vor Dir stehn,
Mit einem Bläschen in der Hand
Und man bittet Dich galant,

Dann kannst Du wie vom Blitz getroffen:
Blasen, Wünschen, Glauben, Hoffen.

✼

Geheime Wünsche

Beide sitzen Hand in Hand
Verliebt im Mondenschein.
Er ist 18 und galant,
Sie dürfte 17 sein.

Ein zarter Kuß von Mund zu Mund,
Ein Seufzer tief im Dunkeln.
Bekanntlich läßt zu dieser Stund
Sich's gut im Dunkeln munkeln.

Beglückt von heißer Liebeslast
Haucht sie: »Ich kann mir's denken,
Daß du was auf dem Herzen hast,
Ich will dir *alles* schenken!«

»Obwohl mein Können nicht erprobt ist«,
Meint er mit Angst und Bangen,
»Kann man es nur, wenn man verlobt ist,
Von einer Frau verlangen.«

»Nur Mut«, drängt sie, »sei nicht so stur,
Sag mir den Wunsch, den wahren!«
Da fleht er: »Laß mich einmal nur
auf deinem *Mofa* fahren.«

✼

Humor ist Trumpf

(0030-1) Hrsg. Dr. Allos, 96 S., 8 s/w-Zeichn., kartoniert.
DM 12,80, öS 99,–, sFr 13,80

(0045-X) Von E. Müller, 96 S., 8 Illustrationen, kartoniert.
DM 12,90, öS 99,–, sFr 13,90

(0044-1) Von G. Wagner, 96 S., 14 Illustrationen, kartoniert.
DM 12,90, öS 99,–, sFr 13,90

Möller VERLAG

Witz, Humor und gute Laune